AF174493

ELEGÍAS

José Carlos Turrado de la Fuente

ELEGÍAS
Primera Edición 2025

© José Carlos Turrado de la Fuente 2025

© Ediciones Rilke.
http://www.edicionesrilke.com
editorial@edicionesrilke.com
C/Dr. Fleming Nº 50, 4ºD
28036 Madrid
Teléfono: 34 91 999 13 12

ISBN-13:978-84-18566-57-8

Depósito Legal: M-12776-2025

ELEGÍAS

JOSÉ CARLOS TURRADO DE LA FUENTE

PROEMIO

*Uno debe morir con orgullo
cuando ya no es posible vivir con orgullo.*
Nietzsche

Yo no quiero robots, ¡qué pesadilla!,
yo te quería a ti, mujer mortal,
¿por qué?, ¿por qué vivir entre los monstruos?,
¿por qué los queréis tanto?, ¿qué ganáis?;
progreso veis, yo sólo veo muertos,
manos tenéis, ¡tocad!, ¡acariciad!,
¡vivid!, con los pulmones bien abiertos,
¡bebed!, ¡currad!, ¡comed!, ¡sudad!, ¡amad!
El gólem me persigue por la calle,
cansado estoy de tanto caminar,
me escondo tras la tapia, el cementerio,
siniestro es el silencio y a esperar
me siento quejicoso sobre el mármol
de un mausoleo roto, estoy sin paz,
descanso, no sé si un fugaz instante
o si será mi gris y triste hogar.
Luctuoso el gesto, el rictus aburrido,
la noche llega y ya comienza a helar,
temor, temblor, el gólem a la puerta
me observa, minucioso, el respirar,
y yo lo observo a él, de cara a cara,
yo sé quién soy y no voy a llorar,
"ya estás corriendo", digo, "he descansado",
me yergo y él me aguarda en el umbral.

Metro noventa de peso pesado,
malhumorado, gruño sin cesar,
de marcha lenta, tosca, y cruel mirada,
ya estoy en pie, mi escuadra queda atrás,
reclamo parabienes a mi tropa,
no me verás jamás titubear,
ya conocí yo el mundo y no me falta
parnaso en este viaje sin final.

A LA TUMBA DE UNAMUNO

El hombre muere de frío, no de oscuridad.

Miguel, vamos, escucha, por favor,
tendrás hartas hasta a las gusarapas,
por tu huesa andarán más aburridas
de ti, de tus sermones tan cansadas
que incluso a lo mejor, tras esta losa,
yazca tu corpulencia neta, intacta.
San Carlos Borromeo, resta letras,
bromea, borra, mea, te reclama,
para dar un garbeo entretenido
quizá por Portugal, o por Sanabria,
oyendo palabrejas pueblerinas,
vacías de falencia, llenas de alma.
Me temo que tú y yo, muy a mi pesar,
discutiríamos y que durara
bien poco la amistad, que no el aprecio,
lance común entre las gotas de agua.
Aprecio y amistad, unas coplillas
y gratitud por tanta tu enseñanza
te traigo, en la repisa de tu nicho
las dejo, y acechante es tu mirada.
Cipreses, camposanto, la quietud
te dejo al caminar, a las espaldas,
los llevo empero allá por donde voy,
cansinas van de muerte mis entrañas.

9

No tienes partidarios, pienso yo
que el trato tanto no te disgustara,
y que te molaría verte egregio
en molde de liturgia en Salamanca,
pero hasta a don Miguel, el testarudo,
supongo, la energía se le acaba,
que poco cuentas ya, ni tú ni nadie,
en la caterva que hoy habita España.

A LA TUMBA DE WEIL

Dos fuerzas reinan en el universo:
luz y gravedad.

Con pólvora en las manos, grasa y barro,
recuérdate Aragón, polvo extenuado,
corona de Polimnia sin desgarro
te trae aqueste aedo enamorado,
guerra ya la viviste, a bocajarro,
y usinas de sudor, tinta y arado,
y así como la tisis recibiste
es Dice quien de cura asaz te inviste.
Por quién debo empezar mis homenajes
fue fácil decisión de este cuitado,
fue franca directriz vencer ultrajes
que propinara un mundo despiadado,
a quien ejemplo dio limpio de ambages
debe la lucidez rendir estado,
Simone, dama profundamente piel,
serena debes ser eterna miel.
Si bella renegaste, mi princesa,
de viva lo serás más rediviva,
si gris moriste flaca y mustia y tiesa
rojez de rosa en lápida es altiva,
matiz de pimpinela decorosa,
carbón ha derrotado la cautiva,
que vano al alma es imponer barrotes,
es hecho aquel echar raíces, brotes.
¡Qué dura tu mirada, con tan tierna!
¡Qué fiero ardor en cuerpo tan sincero!

Frangible, si al varón fuiste fraterna
galernas de labor vuelve el tempero,
el feble temporero que gobierna
alienta voluntad, no prisionero,
la lucha ha de seguir, mi compañera,
aun siendo la campaña hoy agorera.
Un lirio en esta tierra de Inglaterra
relumbra entre sus nieblas y cenizas,
linterna interna, faro tras la guerra,
un sol de hermosas flores, sanas, nizas,
clavel de hispano traigo de mi tierra,
la camomila gualda civilizas,
tan breve, oscura, Juno fuete odiosa,
en gracia al fin te elevas luminosa.

A LA TUMBA DE DESPRES

Luz en cuyo esplendor el alto coro
con vibrante fulgor está apurado...
Herrera

El *software* no va a fulminar el mundo,
quizá lo utilicéis, seréis vosotros,
cayó una sola el alma en Hiroshima,
fue a lomos vuestros, diablos y demonios,
¿qué grial queréis tallar con el silicio?,
es cosa elemental ser de carbono,
emerge vida, la conciencia, el arte,
no estamos vivos, ya somos abortos.
Aquí en mis recovecos junto añicos
como quien juega con el té y los posos,
¿por qué pusisteis piernas al robot?,
¿por qué os quisisteis engañar con ojos?,
si fuera una pelota con bichero
veríais, ¡qué preguntas!, ¡cuántos tontos!,
¿la inteligencia?, ¿el juicio?, ¿la razón?,
¿del tanque, del televisor, del horno?
Hoy nada pregunté a mi robotín
y nada contestó, no dijo nada,
hoy nada pensé en él ni le pedí,
yo creo que en mi ausencia no hizo nada,
ayer lo interrogué: "Di, ¿eres feliz?",
me contestó que sí, y luego...nada,
a veces dice "no", ¡será quejica!,
pero después lo apago y... bueno... nada;

así de inteligente me parece
que es mi plumero, que es una monada,
y mientras Hiroshima me contempla
helada, y va acortando la distancia,
levanta el polvo misa de Josquin:
erial, invierno, siento mi mañana.

A LA TUMBA DE LARRA

Ese vago clamor que rasga el viento
es la voz funeral de una campana...
Zorrilla

Romántico mayor de nuestra tierra,
satírico doliente y derrotado,
tu espíritu fantasma y arruinado
a textos de académicos se aferra;
el féretro encefálico que encierra
tus restos en formato encuadernado
miseria e infurciones te ha costado,
llegaste, al menos, a la postrer guerra.
No puedo yo las erres pronunciar,
ya ves qué redundante esta ironía,
ni el perro de San Roque se ha salvado;
tu féretro sombrío lo es sin par,
sin parangón es ruina mi porfía
por este derrotero sin pasado.

A LA TUMBA DE BECKETT

*comment c'était je cite avant
Pim avec Pim après Pim...*

Donde la Musa habita,
aquí, en la gleba fértil, Montparnasse,
el émulo recita
con trémulo compás
las codas que dejaste, sabio, atrás;
que por la vida abriste
un claro de negrura en horizonte,
un hábito de triste
mucir contra Caronte,
soy la generación si tú el arconte:
mal oye el malhadado,
mal sabe, si es que sabe, responder,
mal huele el desdichado,
mal muere la mujer,
malévolo transito tu mester;
eléboro en las venas,
trabajos, con los tuyos, fatigosos,
un Rubicón de penas
y de hombres andrajosos,
¡qué bodas esperaran los esposos!
No sé, ¿*hi* tú supiste?,
vencer al blanco de tus hojas glabras,
sosiéguete mi chiste,
te brindo unas palabras,
las mías más malvadas y macabras;
sopeso que quisieras
el gesto no mayor que el de tu temple,
semble tú pretendieras
que no te lo contemple

16

y ni lo prorrogara ni lo ejemple;
costumbre de la Nada,
hipóstasis tan pura que abochorna,
mas mi gorra quitada
a tu tumba retorna
y terca hacia la esencia te la adorna.
Te miro, compañero,
¡qué poco evoluciona tu impostura!,
pero traigo tu pero,
tu rabia y tu conjura,
que bien sé rima afín con sepultura.

A LA TUMBA DE DARÍO

En medio del abismo de la duda,
lleno de oscuridad, de sombra vana...

Nos quiso leoneses
el Hado con su oráculo fatal,
yo en mis castros monteses,
tú por lejano abrojo tropical,
soldado y general
tú allá en tu catedral,
al mar arrojo mi ofrenda de dudas
en galeón desnudas;
la duda Europa, en rapto, deturpada,
aquélla femenil de Mitilene,
a Neda hermosa, en alabastro ahogada,
a Doris en navío despechada,
a Eudora en negra crátera dorada,
a Cloris y a Galene,
devotas, las dono sacerdotisas,
te rindan siete misas.
Son ninfas dudas mías, gran Darío,
amores, agua y sal,
a vendaval cordial de hydraulis mío,
cosecha de mi hastío,
de verso labrantío,
la nave colme el greco recital,
más dulce que su cuerpo no hay sepulcro,
y debe el tuyo estar facundo y pulcro.
Te añora este planeta desnortado,
tu voz, tan emisaria del allende,
tu asiento destronado,
Euterpe tras candado
y el hombre en Cáucaso mustio y atado;

instrúyese tu duende,
pequeño, que te admira,
y que si bien no vive, bien delira.
El sordo a las jaurías
te envía una ninfea,
yo sigo, tú no vuelvas, no querrías
pisar un pie entre tantas porquerías
de tan heridos días;
descansa ante el retablo, que así sea,
y el Dios que crea y labra
bastante nos dio ya con tu palabra.
Os pido a ambos perdón, también en nombre
de quien comparte espacio aquí, conmigo,
que al fin y al cabo es hombre
por mucho que eso asombre,
aunque al hablar escombre,
si bien es poco amigo:
resonarán ajorcas
cuando sogas no abasten para horcas.

A LA TUMBA DE VERLAINE

... Mon âme pour d'affreux naufrages appareille.

De profundis, reverente,
mal latín, mal español,
entre los musgos herbosos
suena un son por Batignolles;
no es de príncipe, ni rey,
si es cordero es un primal,
si es espíritu, no vuela,
si es poeta, es animal,
pero igual ha de valer,
paraguas o parasol,
entre cruz y vano airoso
hay romance en Batignolles;
romance de la magnolia
con el astil nazareno,
absenta en alabastrones
fuego fatuo incendia a trueno,
y el resol tras la tempesta
manda rayos de crisol,
ábrense nubes y boiras
este día en Batignolles.
A imitar brincos de brisa
enseñaste a los mortales,
en el fondo del tugurio
tramabas los recitales,
en las sombras te escondías
apestado por fenol,
te traigo un jazmín fragante
a tu tumba en Batignolles;
te busqué en el Père Lachaise,
sorprendióme el Panteón,

pero bueno, un paseíto
viene bien, desde León,
gris la piedra, la flor blanca,
voz gripada en un bemol,
¿llegará hasta el postrer verso
mi laúd en Batignolles?

A LA TUMBA DE PALESTRINA

... lo que es amor, lo que es conocimiento.
Villamediana

Cuanto yo vine a hacer, ¿lo he terminado?,
¿me puedo callar ya?, dime, Señor,
me tiene el pueblo cruel crucificado
y canto, canto al aire, sin pudor;
le canto *Stabat Mater* en corales
y aplico a mi mester polifonía,
responde el viento roncos recitales
y vuélvome yo loco en sintonía;
¡cuán recia en la mollera es la demencia!,
¡qué hiriente e insolente es la maldad!,
sin solidaridad, dame paciencia
para sobrellevar precariedad:
¡¿qué esencias puedo yo aplicar al pan?!
¡¿qué aplaca sed del bestia vinolento?!,
¡qué errados, sordos, tuertos siempre están
quienes replican a mi noble intento!
Respondes, agradezco la respuesta,
no por tu voz, sino de Palestrina,
el ave de tu dama dejas puesta
sobre esta enhiesta cruz que peregrina.

A LA TUMBA DE ZURBARÁN

Rotos miembros de cuerpos desunidos
hacen sombra, en el aire entretejidos.
Bocángel

No vengo con un libro en la cabeza,
un lienzo en blanco traigo hoy en el pecho,
donde Copacabana fue tristeza
busco un fresco invisible por el techo,
fosal de Zurbarán con su pobreza
dejó puelmo este suelo satisfecho,
dechado de modelo me postulo
y místico lector yo me intitulo;
la escalinata trepo sobre hinojos,
liviano y sin miradas agresoras,
el aire de los rezos son los cojos
versillos que a este mártir incorporas,
San Algo, San Quizás, santos despojos
de identidades sacras tú decoras,
que sobra carne, hay Santos Bodegones
que aroman al pincel nuestros pulmones;
ventalles dilatorios en talares
dalmáticas y amitos, sutil lino,
a luz de lucilina por solares
de sombras conventuales me encamino,
un loco, no, un poeta, los cantares
me cantan funcionarios mi destino,
y sonce dejo exvoto incomprendido,
¡quién ronce la hostia pura conmovido!

Las árgomas que encuadran Recoletos
me tienen dentro, clauso en la memoria,
ambulatorio entre unos cuantos setos
ni gloria reconocen, ni victoria,
un loco, no, un profeta, los inquietos
intentan descifrar mi trayectoria:
aquí murió el pintor de los pintores,
Francisco, aquel primor de los primores.

A LA TUMBA DE WILDE

"Look, look!" cried the Tree, "the rose is finished now";
but the Nightingale made no answer...

Político serás, no tengas duda,
con Morris volverás, artesanía,
mi voto lo tenéis, también el loto
que poso a pie de esfinge en este día;
tu aciaga despedida parisina
no enturbia tus rimadas harmonías,
las hadas irlandesas, tan harpadas,
se escuchan por fragantes cercanías:
la aliaga contribuye, aquí mi ramo,
tus viajes entretejen sinfonía,
sensibles las columnas del Egeo
se erigen al son de tu "Apología".
¡Oh, délfico destino de poeta!,
¿por qué la estancia es siempre tan tan fría?,
¿por qué Satán la tiene tan jurada
a quien dora palabra y homilía?
Miríficas al alma tus historias
explican afamada tu ironía,
es tiempo de aforismo, mas no tuyo,
que el tuyo procediera de hurañía
bañada con licores de salón,
con fina y donairosa antipatía,
cristal de araña y bies en un vestido
rotátil en un vals, corsetería
en tonos de pastel, ebrios espejos,
contra los que el alado de voz pía
choca y emblema fija y da esplendor,
aporta su energía y maestría.

¿Un beso?, tímido y poco ordinario
me mido, sea cierto o cruel falsía,
una elegía sí, por quien libara
con tanta la avidez la luz del día.

A LA TUMBA DE BOCCACCIO

*La pobreza no disminuye la nobleza de nadie,
la riqueza sí.*

Un cimiento preciso,
preciso más, comparto, precisamos,
un prólogo, un inciso,
cimbeles y reclamos
ahora que al hablar nos desangramos;
aquí en Certaldo rimo
y céfiros me vuelven cenotafio,
Llamita bella imprimo
al tiempo aquéste zafio,
si no es así, será por epitafio.
Más Peste tú viviste,
y la sobreviviste, y la rezaste,
más tú la muerte viste,
glosaste y masticaste,
sabemos que de Dios te enamoraste.
No puede ser casual
el sano instinto que es el persignarse,
¡ay, preferir el Mal!,
¿quién tiende hoy a dignarse
a oír claro y distinto el conformarse?
Es otra esta Toscana
subido en este cueto, tan campestre,
hasta Florencia es vana,
lozana y tan ecuestre,
en comparanza con el aire alpestre.

Cercana, se divisa,
la prosa ríspida pierde agudeza,
la lengua, ¡qué imprecisa!,
¡qué torpe la cabeza!,
al fin mi voz reclama, ¡torpe, empieza!;
del siglo aquél XIV
debemos aprender sufrir y cuento,
por ley o por alcorce,
cautela o monumento,
al cielo tuyo pido yo uncimiento.

A LA TUMBA DE CIORAN

Desconfía de quienes vuelven la espalda
al amor, a la ambición, a la sociedad.
Se vengarán de haber renunciado a ello.

Repica a tu aldabón,
oriundo de tu mística Castilla,
quizás el más ladrón,
lambrión de pesadilla,
vampiro, ¿quién en mano ha la puntilla?
Donaire adolescente,
el más inteligente inconsolable,
insomne improcedente,
la Nada imponderable
rebosa de pulsión cabal y estable.
En *lacrimosa* y santo,
un día allá en Braşov negra y hermosa,
nombró tu nombre un canto
en tarde procelosa,
la boda respondiera memoriosa,
celosa la ebriedad,
quizás no más tu ajada voz pedía,
tu lengua, más tu edad,
cavernas construía
y abetos más que cedros conmovía;
¡amable compañero!,
¡qué atrás quedó aquel dédalo nocturno!,
tu fama de agorero,
tu verbo tan soturno
que tan protervo alzaste a tu coturno.

Por fin de cara a cara
parece que podemos hoy mirarnos,
ponemos mueca rara,
y antes de separarnos
liturgia debe ser descojonarnos.
Adiós, compadre, Émil,
elevo aquí una copa de rakiya,
otrora fueran mil,
no bebo ya y mi quilla
ya yace en otra sima sin orilla.

A LA TUMBA DE ORTEGA

El esfuerzo es sólo esfuerzo cuando comienza a doler.

Ortega, más que a nadie, he de decirte
que no asomes del hoyo la testuz,
el ñarro que sin duda también fuiste
pidiera por favor no ver la luz,
horrores hubo muchos, es la Historia,
en nada es el presente superior,
diagnósticos abstrusos proliferan,
no es cosa de contar este dolor;
quizá por lo moral tú lo entendieras,
pero tampoco es madre del cordero,
ni elite, tiranía, que las hay,
voluminosas hoy, que eso es bien cierto;
las consecuencias toma por la causa
cualquier parresiastés de nuestros días,
por eso acierta al tiempo que fracasa
tanto faro negado a la ironía.
Si en este mundo súbito pisaras
dirías lo que tantos de otros tiempos,
nosotros, como peces en el agua,
vivimos angustiados, desatentos;
el ruido, sí, lo brusco y los modales,
lo técnico alertara tu interés,
pero más diáfano fuera a tu vista
lo que a nosotros tanto cuesta ver;
si a envés de tu sepulcro retornaras
el pecho estallaría de amargor,
tan cerebral, tan docto e instrüido
tu grito me imagino: ¡¿No hay amor?!

El Escorial perdura, es mi esperanza,
allá por la fragosa Guadarrama,
y al menos Nomenclátor, por costumbre,
conserva aquellos grafos, esa España,
el hombre ya no es hombre, sin embargo,
al menos no es persona, no en rigor,
creo que ni siquiera nos encaja
que en otros tiempos sí que hubiera amor.

A LA TUMBA DE VERMEER

Es más fácil soportar la muerte sin pensar en ella
que soportar el pensamiento de la muerte.
Pascal

Los blancos cisnes del canal florido
son aire depurado en interiores,
canéfora hacendosa entre las flores
tamiza en tulipán el colorido,
matiza el día claro del sentido,
pincel es de sosiegos narradores,
del alma paladín, y protectores
secretos de este Delft dulce y querido.
La alfombra, y el tapiz, la luz, la esfera,
la perla, la mirada y el detalle
retorna al mundo en tacto de madera
abismos numinosos, tal ventalle
divino, angelical, que precediera
a quienes transitamos este valle.

A LA TUMBA DE GOETHE

El hombre pequeño es aún un hombre.

Diotima, Lotte, Gretchen los cabellos
te mesan con flamante disciplina,
y poco sabe el dios que te conmina
a abrir lientos los lacres y los sellos;
en una schubertiada indecorosa
con Herder te emborrachas disolvente,
resaca de parranda quiera ahuyente
mejor que sugestione procelosa.
Aldeas de Turingia, sin embargo,
son bellas tras tu tráfago y tu paso,
fachadas son de sueño, el cielo, raso,
fino es el aire, el tiempo lento y largo;
será que no soy dueño del talento,
que tú lo derrocharas adelante,
entrambos patulea diletante
en cruda querulancia y movimiento.
Rodillas hinco, hase al magisterio,
por mucho que las tachas solivianten,
que mil las mataduras desencanten
o sombras den en un amargor serio;
que no sea el reproche mío tuerto
el que yaga penumbra ahí contigo,
que bien yo te pidiera como amigo
ya vivo o, como es caso, mudo y muerto;
mejor el dedo de doncella hermosa,
el canto de su voz en tus oídos,
la joven balsamera es a dolidos
la espera sapiencial y más juiciosa;

de Lotte la mirada enternecida,
de Margarete el cántico incesante,
Carlota, Ottilia, cuiden del amante
y sea la nación agradecida.

A LA TUMBA DE ZAMBRANO

Todo extremismo destruye lo que afirma.

En tiempos te buscara por el Jura,
la noche me atrapó y quedé frustrado,
el ténebre boscaje, el exclaustrado,
son cédula segura de locura,
pero como precoz fue mi amargura
la luz a la mañana me alumbrara,
sediento de enseñanza continuara
y seguí el rastro de tu atroz exilio,
país, ciudad, barriada, domicilio,
en pos de tu harmonía tan preclara.
Idilio luego ha sido ganancioso,
pese a que no lograra conocerte,
tu verbo sí, qué grata y dulce suerte
para un poeta compañero airoso,
hermoso y sazonado y deleitoso,
no sólo conceptuoso y ajustado,
hogar del pensador emocionado,
sensual filosofía en español,
sensata escuela de ángel y perol,
en frito, en ambrosía y en guisado.
Los tiempos te amenazan, te prevengo,
que quieren hoy hacerte muy famosa
sólo por ser mujer, mujer en prosa,
sin fuste, sin historia ni abolengo;
a título de pupilaje vengo,
no hay vado sin peaje a mi maestra,
no hay flor aquí de nadie si no muestra
que tus escritos ha largo estudiado,
no es bienvenido el vago ni el taimado,
ni la embrujada que el alma secuestra.

Te entrego, pues, mis dientes, si es preciso,
contra esa guirigaya de haraganes,
no te vieron en guerra los rufianes
que no saben si hacerte misa o miso;
Esfinge me interpongo, a tu permiso,
en Vélez, perro fiero en tu caseta,
que esa gentuza no ama ni respeta;
si no a razón, tendrá que ser a puños,
porque a razón no alcanzan ni a rasguños
y no lucen vergüenza, sino jeta.

A LA TUMBA DE DEBUSSY

La muerte para los jóvenes es naufragio
y para los viejos es llegar a puerto.
Gracián

Yo soy una costumbre,
no hay nada más en mí, ni en ti, en nosotros,
¿para qué te atormentas?,
¿qué esperas encontrar tras tus destrozos?;
te traigo aquí a esta tumba
junto a Fauré, en Passy, a pasitos cortos,
en fúnebre cortejo,
doncella de mi amor y mi alborozo.
El piano del nocturno,
destello sobre al agua, fue tu adorno,
te coronó, *milady*,
deleite, hembra aventura, tú, mi gozo,
el mármol suena, toca,
terrazo y oro, letra, tecla y coro,
te traigo en la presencia,
el beso, el éxtasis y el abandono.
Ratita presumida,
avilantada al porvenir ruinoso,
te trepa por el cuello
el liquen aromado, gris, rugoso,
lecho de Mélisande,
Golaud te admira tierno y amoroso,
terrible hiende en pliego
sobre tu pentagrama sus escombros.
¡Oh, huesa perfumada!,
¡oh, Luna, que separa a los esposos!,
¡oh, nínfula encarnada,
hierática sonrisa sin asombro!,

¡oh, tósigo en mi sangre!,
¡oh, besos sobre el beso de este tonto!,
aquí yo me arrodillo,
enciendo el transistor y escucho solo.
Van dos semicorcheas
asidas de la mano, yo me escondo,
transitan cirios, ánimas,
por este cementerio tenebroso,
allá, la torre Eiffel
recorta evocadora mi oratorio,
tarde para plegarias,
noctámbulo te traigo al desposorio.

A LA TUMBA DE BACH

La música es mi vida y mi vida es la música.
Quien no entienda esto, no es digno de Dios.
Mozart

No es bella esta ciudad del Este, Leipzig,
no en especial, tampoco es adefesio,
confieso que jamás acá vendría
si no por el maestro más egregio,
y punto, o contrapunto, añadiría,
bajo siete candados el secreto,
el dídimo, el incrédulo, Tomás,
guarda en su cofre puro y más perfecto.
¿Qué falta en el artista de este tiempo
si no tener en cuenta más el eco
que va con cada pulso de su mente,
pincel, plumín, cincel, cada instrumento?
¿Qué bestia narcisista pensaría
que su magín le otorga algún derecho,
que vale porque sí, porque es el suyo,
y en prédica al cinismo da provecho?
No es magia, la ojeriza no procede,
en sí es hondura el arte, sólo es técnico,
¡ay, años, vidas, siglos, conquistarlo!,
hoy la destilación friega los suelos.
¿Que es la emoción? ¿Capricho semejante?
¿Se piensa usted que existe privilegio
cuando del morro le surte su "¡coño!"
cuando por un error se pilla el dedo?
Resuena el llanto de San Pedro Apóstol
desde el neutrino a entero el universo
en música de esferas eternales
compuesta por *Herr* Bach, para este templo.

La vez siguiente que a usted lo emocione
un cuadro, una actuación, *crescendo*, un verso,
comprenda que su instinto no es feliz,
con él por fin dichoso es su intelecto,
y por virtud del generoso artista
tributo en castellano aquí le ofrezco,
ya sé que a mí me falta la soltura,
pero hago, Dios lo sabe, cuanto puedo.

A LA TUMBA DE KEATS

Beauty is truth, truth beauty, that is all
Ye know on earth, and all ye need to know.

Humilde, en esta Italia que buscaste,
buen Juan, entre lustrales matorrales,
erijo en tanto puedo a ti una acrópolis
con tus personas, dioses y paisajes;
te frisan el jardín de Wentworth Place
y monjas con aliento placentero,
las urnas griegas con melancolías
en su interior a modo de trofeo,
el ruiseñor, el sueño, y el otoño,
y la estrella profunda de la noche,
nocturna Roma de calles vacías,
junto a una escalinata y sus rumores.
Le pongo tilde al ático, estás solo,
la escrófula te esponja cada verso,
fugaz has sido, pobre niño mío,
versado en el amor rocambolesco,
definitiva efigie derrotada,
jamás tan límpida fue una pupila,
si sólo pienso en ti, en tu alma enjaulada,
la mía abajo en rijo y corrompida.
¿Cómo puede olvidarse la marea
de tan cuerdo el infante más logrado?,
maldigo la perfidia de Inglaterra,
no sólo el derrotero de mis pagos,
maldigo estas añadas sin entrañas,
sin gusto, sin justicia ni sapiencia,
vulgacho inverecundo y carnicero
que caga sobre plato y sobre herencia.

John Keats de Finsbury reposa aquí,
así lo quiera Dios, que lo haga en paz,
paz que no tengo yo, que moriré
no en Roma, sí en la Nada de verdad.

A LA TUMBA DE KLIMT

El honor de un pueblo pertenece a los muertos...
Bernanos

¿Es que hay delicadeza sobre el mundo?
Sólo un poquito, hasta que la inventaste,
por eso sólo aquesta margarita
te traigo a Hietzing, en peregrinaje;
es tanto el oro que contiene el lloro
de aquella damisela en sus vitrales
que no sé dónde yo poner ni el pie,
tan rústicos y fatuos mis modales;
aquí hay un pétalo de almendra en flor,
un párpado cerrado por un beso,
aquí la luz perlina de un diamante,
un corazón al lado justo, izquierdo,
los brazos hacia arriba, en oración,
y el rostro de mujer más extasiado
que concibiera el hombre en su atelier
de lo cromado, cierto, imaginado;
aquí una alegoría de Tristeza,
rebrota cual peonza la Vejez,
el vértigo me aturde mente adentro,
Belleza inerte, yerta Desnudez.
¡Qué muerte tan sufriente, sin embargo,
tan agria y tan febril te tocó en suerte!
Llegó el Apocalipsis a tu Viena,
tu Imperio ya no existe, duele verte
raptado en este légamo pringoso,
fantasma destellando con cadenas,
edad mía que es pura enfermedad,
qué horrible, ¡qué dolor perder la guerra!

A LA TUMBA DE BRESSON

... los vivos, comparados con los muertos,
resultamos insoportablemente banales.
Delibes

Hubo un tiempo, cuesta incluso imaginarlo,
en el que el celuloide
era sede del arte,
e imágenes rimadas sus acordes;
el alma era sensible a su contacto,
del cura de parroquia, del borrico,
de la muchacha pobre que, violada,
silencia su alarido;
un ritmo todo interno,
total, ni rápido, ni tenue, tenso,
entrar en la tiniebla del local
la sabia y densa suavidad de un rezo.
Ver cine mejoraba a las personas,
lo juro, es la verdad, yo nunca miento,
ya no es igual en su reminiscencia,
pues ya no vive el muerto.
Volver a ver, Bresson, tu afán insigne
sólo como nostalgia sabe, a sucio,
no volverá la dama
a Camelot, ni el justo.
No importa ya, no pasas la censura,
será por blanco o negro,
será por verdadero,
será por tan maestro del secreto;
postrímera sesión,
no me concentro ni en el argumento,
un siglo de grisalla,
te veo todo junto, por completo.

A LA TUMBA DE ZUBIRI

Todo verdadero filósofo no ha dicho, a lo largo de su vida,
más que una sola cosa. Su discurso es una frase única.
Bergson

¡Dios!,
     ¡cuánto calor aquí,
en Madrid, en pleno agosto!,
quédame el dogal angosto,
quizá incluso perecí,
quién sabe, quizá morí
y por eso un cementerio,
de olívano mi sahumerio,
pisa mi chapín sudado,
tú, Zubiri, yo, extenuado,
y tu tumba el baptisterio.
Saben que tú has fracasado,
¡sabe Dios!,
     ¿saben por qué?,
no saben ni a consomé,
son sosos que ni el lenguado,
ni el besugo desmigado,
¡y es preciso tanto esfuerzo!,
junto a ti yo me retuerzo
sólo a un paso de la piedra,
filósofa en alma medra,
fracasado y loco, ejerzo.
Por mis facciones la sal
se derrama y deposita,
del sudor rancio que habita
en mi mente personal,
que me aturde la moral,

¡cuánto sol, qué insoportable!,
¡qué silencio ineluctable!,
¿me derretiré entre gritos,
como gritan los malditos?
Muerte, vida, fe: culpable.

A LA TUMBA DE SHAKESPEARE

I am one who loved not wisely but too well.
Othello

¿Habrá una diferencia en los extremos
que acerca el personaje adementado?
Los locos, herederos de tu Estado
te posan en la frente crisantemos,
a quien alto volara y que supremos,
sublimes verbos alzara al estrado,
de pámpano, de rey, de enamorado,
de dioses parentela; en fin, seremos.
Falsario soy, frondosas poesías
no ofrezco, sí el sudor y los afanes,
promesas no, que si lo son, baldías,
y sí el licor, el llanto y los refranes;
Guillermo de Inglaterra, en noche, en día,
aún te rondan por aquí guardianes.

A LA TUMBA DE TRAKL

... die ungebornen Enkel.

Sentencias, y paseos otoñales
donde la araña medra y muere el niño,
silente ambulatorio despacioso,
en negros oquedales se oyen tiros;
undosas las auroras venenosas
de frases fragmentadas y podridas,
donde vegetan llamas ominosas
sorbiéndoles el alma a los suicidas;
suena al fondo la clave, y el clavijo
gobierna en un imperio sin terruño,
la hermana enferma rosma en una cama,
la estirpe tísica en sueño profundo;
soñar, soñar la muerte, el sufrimiento,
soñar en una guerra y un tumulto,
hallar el sueño occiso en la mañana
callada de hospitales y sepulcros;
soñar en escapadas imposibles
en sórdidos esquifes hechos pecio,
el légamo abismal, frío y escuro
que eterno pone fin a los océanos;
venados en azul y fuego en rojo,
e ictéricos los ojos amarillos,
ciudades deprimidas, gris eslavo
de nieve, y del hollín que entolda el libro;
el sueño de esas guerras que empezaste
prosigue, gran rey Jorge, por tu frente,
aún es la hojarasca galitziana
el despertar de sesos de dementes;
te traigo, como un ramo de chavascas,
residuos de tu hiel iluminada,

que duramente en mi niñez dolida
dormían junto a mí, bajo la almohada;
Salzburgo colorido te rodea,
cenizas nos trajiste de Cracovia,
la muerte de los hijos por bagaje
y el gélido cadáver de una novia,
la vida que es, en fin, la poesía,
te debo, más que a ti quizá a ninguno,
mirar la noche negra en la ventana
y aquel sabor; existo, luego sufro.

A LA TUMBA DE RIMBAUD

Jadis, si je me souviens bien...

Quién me iba a mí a decir
que eras felicidad, y mi inocencia,
mi pulso mi sufrir
y la ebriedad, mi ciencia,
y la palabra rota mi conciencia,
cuando en esa litera
leía tus festines clandestino,
insomne y como cera
lacrándome el destino
del cuerpo pubescente y peregrino:
hay una instilación
de dama verde, urbana y campesina,
hay una locución
manchada y asesina
que en un Infierno empieza y que culmina;
la campanilla en flor,
hay un henar doliente del estío,
el dedo en el tambor,
es invernal el frío
e inane el sufrimiento y el vacío;
hay un penar vibrante,
hay una delincuencia sin maldad,
cadáver elegante,
querube sin edad
y un huérfano privado de orfandad,
mugrones en el cielo
y en centros de ciudades barejones
malditos bajo el suelo
del que manan canciones
mecidas por labranza de ciclones,

y exequias a mis pies,
donde por fin hoy puedo imaginarte
colgado de un ciprés,
en Charleville, y odiarte
tal como exige que hay que odiar el arte.

A LA TUMBA DE DANTE

Amor, ch'a nullo amato amar perdona,
mi prese del costui piacer sì forte,
che, come vedi, ancor non m'abbandona.

Ante lo inexplicable, sí hay maestros,
por eso me persigno en tu presencia
guardando cola en grupo de cabestros,
la Cruz Santa en tu nido de Florencia,
trepando como puedo en la comedia
que abriera viso al hombre y diferencia,
humano y como tal torpor y acedia,
divino el templo de insolventes días
de quien pugnaz fracasa e intermedia.
Aún hay olivares y monjías
cerca de tu ciudad de ti exiliada,
absorta de cuitadas homilías,
tan bella aún, igual despedazada,
bajo el mismo tormento, igual el cielo
que aguarda al hombre, atrae atalantada
ligera de alas y a tu prez del suelo
su alma amorosa, surte y amamanta,
la lágrima doliente en un pañuelo
de seda dulce y tacto de amaranta,
¡ah, sabio, acorde y pertinaz consuelo
para quedo morir y angustia tanta!
Inútil apelar a la taranta
de tus lectores, no veo ninguno,
que el mármol mucho brilla, poco canta,
por eso me pienso yo aquí oportuno,
un poco par entre un tropel de nones,
aunque mi verso es tórpido y montuno:

ante virtud humana sí hay patrones,
por eso inscribo yo una de delante
sin voto, sin acuerdo ni razones.

A LA TUMBA DE HÖLDERLIN

Únicamente creen en lo divino
aquéllos que también lo son.

Un día, en cabalgando por Baviera
entre pradales, siembras y arboretos,
la flor de luna junto a la amapola,
Würzburg a espaldas y a babor el Meno,
después de una mañana de llovizna
de primavera, altivo el sol afecto,
crucéme de repente con un niño
al borde de la berma del sendero;
lloraba recamado de esplendores
con siendo de indumento harto harapiento,
camisa desgarrada, hecha jirones,
el pecho crudo, blanco como espectro,
y quise yo ayudarlo, yo asistirlo
pues en sus pasos intuyera aprieto;
esquivo me miró el infortunado
y en sus azures vislumbré el Infierno;
¿fue sólo una intuición trivial y vacua?,
¿busqué la trascendencia en un invento?,
huyó de mí el zagal campo adelante
en dirección cualquiera, a ningún pueblo.
Me creo, todavía, pues soy loco,
que no fuera un rapaz el del encuentro,
que fuera el divagar de Federico,
el huérfano primado de esos feudos.
Cuando lo cuento acá, en esta Castilla,
se ríen del lunático argumento,
me tienen por baldón estrafalario
y yo a mis años, es de ley, acepto.

Enigma es para mí, lo es todavía,
por eso por abril siempre releo
buscando tras un libro y una firma
quizá un destino, tal vez un refrendo.

A LA TUMBA DEL GRECO

... el privilegio de ser hechos semejantes a Cristo.
J. H. Newman

Del viento de tu galera,
birreme de mar cromado,
del ícono tan dorado
que de sangre pura fuera,
a Toledo tu bandera
donaste con muchedumbres,
hondas crestas, prietas cumbres
hasta la taba castillos
de carnaza espiritual,
más allá de bien y mal,
por sosegados pasillos;
legástenos tu manera,
fervientes la proseguimos,
apenas nos definimos
de tanto que nos hiriera
tan rotunda y tan severa,
y el magma de tu entretela,
el dolor de tu entresijo,
portan preñados tus hijos
entre la espada y la tela
que cuelga de los retablos,
los vocablos y venablos.
Égida te pido, Greco,
contra el monstruo del presente,
el manteo purpurado
que trajiste desde Oriente,
tu Calvario duro y lleco
elevado sobre estrado,

rodeado de oraciones,
redimido de prisiones,
recreado en las Pasiones
recitado con cuidado
trascendente, enamorado.

A LA TUMBA DE MISTRAL

Me acuerdo de tu rostro que se fijó en mis días,
mujer de saya azul y de tostada frente...

El cisne, de aquel cuello procedente
del alba clara desde australes sierras
nadó entre los volcanes
dejando a estela feminal un signo,
decencia más acá de la docente
paciencia de las guerras
donde a los haraganes
atragantadamente me resigno,
se ha callado, de frente
que entre cruces filosas se me cierra,
la diaconisa ausente, en otros planes,
y yo quiero ser digno,
yo quiero estar presente
en la masera virgen de la tierra,
vocal inconsolable que entre adanes
derroten lo maligno.
No nadie al potro que habita mi mente
atiende, cría, hierra,
y galgo entre maltrato de batanes
mi trote fidedigno
tropieza en la inclemente
tristeza, y a su bies crudo se aferra
como a los balandranes
viejos, y nuevamente me persigno.
¡Di cómo! Pitonisa equivocada.
¡Di cómo! Nigromante del amor.
¡Di cómo! Profesora enamorada.
¡Di cómo! Centinela del pastor.

Di cómo he de ascender al docto cerro,
que yo pondré el dolor,
no pido cuentas, ley ni testaferro,
tan sólo confesor.

A LA TUMBA DE JARRY

La patafísica es la ciencia de las soluciones imaginarias.

Liróforo terrestre y menipeo,
de metro y medio y pistolón en ristre,
ululas uvulares asonancias
del sotabanco enano, como un chiste,
nos conocimos en plaza Vendôme
en madrugada de un calor terrible,
yo te juzgué borracho,
pero hoy te miro triste,
y poso un *colt* en piedra de Bagneux,
solemnemente, si es que acaso existe
solemnidad en el París de hogaño,
tan zonzo e infelice,
tan burdo y sin humores,
tan resentido y chirle,
entonces nos bebimos el planeta
pero hoy te miro triste.
No pido que devuelvas este obsequio
pero harán falta danzas de los títeres,
encadenado en díscola colina,
cornudo e inmiscible
con la ventosidad de mi intestino,
mi bala tan terrible,
ayer se me cayó, el hedor al suelo,
pero hoy la tiro triste.

A LA TUMBA DE JARNÉS

La Historia no es la maestra de la vida:
nadie escarmienta.

Ya llego con el ábrego a tu casa
y riego sus auríferas grafías,
es líquida la prosa que empalaga
el puntillismo, escoplo, cifra a cifra,
elijo las fragancias diligente
y arremolino egregias biografías
seleccionadas por un siglo sordo
para el que la virtud es porquería;
¿ya quién te lee, Jarnés?, ¡cuánto trabajo!,
¿por qué, pobre azacán, tu maestría?,
entre tantos naciste, ya estás solo
y sólo yo te escribo una elegía,
que nadie leerá, mojado el aire
como la soledad de tu Provincia,
como una lágrima que reta al cierzo
y cede desecada en la campiña.
Cubiertas de un librillo de anticuario,
un tacto a secarral, tapa amarilla,
a cardos como posos de café
que escarban el envés de las costillas.
Los novelistas en lengua española
les han dado la espalda a tus conquistas,
y dicen que bien saben escribir,
yo niego y me sentencian: ¡tú deliras!

A LA TUMBA DE BERGAMÍN

... que vivo en Ti cuando me estoy muriendo.

Sopor de despedir a tanto muerto,
insulsa ha de salirme tu elegía,
ningún poeta rezará la mía,
la tuya clama un porvenir incierto,
e igual que el hielo crece en el desierto
no acierto con el tono y melodía,
los tuyos no me valen, desconfía
de quien admira a Dios, al tuyo, el yerto.
¡Qué viaje, qué aventura, qué fracaso!,
ajeno el desterrado aquí enterrado,
el que me mira duro y no hace caso,
aquél de toda nómina borrado,
aquel, rayo de orgullo, Garcilaso
de barro y de desdicha, rechazado.

A LA TUMBA DE KIESLOWSKI

Yo no soy Mallarmé.
Milosz

El lago, derrotado,
de riba de alquitrán agrisetada,
el sueño de aquel rapto hacia la nada
de Europa desteñida
corea un desacato desalmado,
esclavo, se ha callado,
de Cristo, el exclaustrado,
hecho paisaje, su *no mentirás*;
y el gesto, tan perplejo, en sinfonía
desuela la agonía, que es tan mía,
de la mujer perdida,
lejana y añorada,
que hermosa y de lactancia tan mazada
hogaño es enemiga
y no hay quien la maldiga
con un *no morirás*.
Las manos en el agua entran sin jugo,
sin fe, sin su donosa disciplina,
tan joven él, tan yerma la doctrina
del doble sin placer, igual sin yugo,
y un cuello sin medalla,
y un aire sin rutina,
alcanza el Cielo, mas después se calla,
sin luz: no matarás.

A LA TUMBA DE CELA

*La poesía es el único remedio que nos queda
para soportar la vida.*

Usted les da pereza, don Camilo,
recuerdan su vertiente tremebunda,
es némesis del alma nuestro tiempo,
por eso, familiar, piden la burda;
le invito yo al café, me toca a mí,
devuelva su medalla, tan absurda,
gandaya ya aguantamos, suficiente,
torero, se me ocurre una aventura:
¿por qué no madrugamos con el sol
mañana, que conozco a una difunta
en Cuenca, despeñada y humorosa,
que viudamente vende sucias blusas?,
regenta un suculento parador
donde dispensa potes de ternura,
zurea como el ave en su cazuela
y vaporosa vende cien mil curvas.
Al fin y al cabo ya no existe el tiempo,
salgamos en porretas, la armadura
ya no nos hace falta, caballero,
morral, bicarbonato y travesura
darán para algún cuento entretenido,
fragancias de genista hay en la ruta,
romero pone al guiso la mentada
que sabe eterno a siestas absolutas.

A LA TUMBA DE CORBIÈRE

Mannequin idéal, tête-de-turc du leurre...

Amanece, el horizonte tan ignoto
es una provenzal tumbada al sol,
redimes el sudor con el pañuelo
y zumban en redor
abejas cimarronas, sin colmena,
al paso del silbido y el bastón,
inscritas en su nube, cual sirenas
de polvo con dulzor;
es mínima la senda, si se piensa,
es máxima la linde si hay amor,
es mínima fatiga si hay palabra
y es máxima la voz
que llega de la campesina huraña
con senos como herradas de primor,
como un rumor de pradas de lavanda
y trino de acentor;
el sol, el sol buscamos, compañero,
bien sabe el zahorí la dirección,
te obstinas en que ya no tienes piernas,
no seas protestón
y sigan el camino zambo y muerto
al ritmo de jadeo y pundonor,
cimbel de más allá son el deseo
de la niña y de Dios,
no seas garrapeto, mi alma hermana,
no salgas litigante segundón,
rezuman los pezones de la loma,
tictac en el reloj,

un cielo al aire fresco en la mañana,
naranjos al costado, una región
de azures en la mente enamorada,
gualdas al corazón.

A LA TUMBA DE HEGEL

El filósofo debe hacer filosofía
cuando ya la vida ha pasado.

Brotaba la mañana al horizonte,
solemne y opalina, destellante,
vivac en una ruina berlinesa
hube sentado, rumbo al norte, errante,
busqué repulgos en esas paredes,
en los vestigios de tan necia nave,
y la mirada, azufre, quedó herida,
en hueso, mío helor en fría carne.
Entonces creí ver, como en espejo,
atónito vislumbre de un miñambre,
de un niño, como yo, desamparado,
en sombras de la estancia, en un aparte,
y trémulo, aturdido, me conduje
hacia el rincón, valiente este cobarde,
por descubrir certeza, quizá muerte,
en el peligro del hombre distante.
Hallé huella y calor, mas ni el pellejo
de quien conmigo compartiera el aire,
quizá el futuro, usara o compitiera,
tan sólo podre y mugre asaz fragante,
el rázago arrojé hacia el mismo enclave
cuando un aliento oí, muy amenazante,
detrás de mi cabeza amedrentada
y me volví: allí no había nadie.

¿No hay nadie aquí? La tumba berlinesa
tampoco me concede contestarme,
contarlo yo quisiera en mi Castilla,
que aquel silencio a un mismo postulante
arrogo, y estoy cierto, puro instinto,
no me internen, ruego, por el dislate,
me faltan los testigos, reconozco,
la prueba e incluso el crimen más flagrante.

A LA TUMBA DE HEINE

A orillas del mar desierto,
Junto al piélago intranquilo...

En un fumadero sucio
de un suburbio parisino
el poeta traza surcos
con el humo blanquecino,
y su mente empalidece
ensoñando su destino,
un destino de alquitrán
vomitado en un diván.
Dibuja un monte nevado
de donde desciende un río
espumoso entre la fauna
de un fecundo praderío,
y el armazón donde yace
cruje roto y remecido,
peripato capitán
con pulmones en chaflán.
Con el vellón del colchón
confecciona los cabellos
de Amelie, morena dama
con la voz de terciopelo,
con el pelo delicado,
cálido cada cabello,
cabellos que aquí no están,
a saber dónde andarán.

Luego el mar con lejanías,
luego noches de desvelo,
corceles en el zaguán
de un palacio polinesio,
el muchacho sorbe el opio,
saturnismo en los espejos,
y farfulla en alemán
un rezo de sacristán,
redobla con su ademán
gorigori de brahmán.

A LA TUMBA DE PÉREZ DE AYALA

Es de ver que le envanecía verse comparado con un tigre,
síntoma probable de no estar muy seguro de su fiereza.

Cuesta imaginar por qué
no es usted más recordado,
no pisemos los jardines,
quizá mal apadrinado,
quizá mucho, quizá poco,
no vendamos el pescado,
que arrieritos somos todos
y el cuento no ha terminado,
pero bueno, la verdad,
no he leído otras novelas
más pensadas, rematadas,
más totales, más perfectas,
más dechado de equilibro
entre audacia y permanencia,
troteras y danzaderas
por la jungla y por la estepa;
ya sé que no poco pesa
cada mueca que hizo Ortega,
medio Joyce y mitad Mann,
menos pingüe su cosecha,
es España quizá el mal
que le esquilma las bodegas,
yo aquí brindo, no comulgo,
pan y vino es la sentencia.

En la galería Tate
escuché que hay unas telas
en salas del XVII
que han expuesto recién, nuevas,
una miaja remozadas,
¿me acompaña, mi colega?,
perdóneme usted el trato…

A LA TUMBA DE MUCHA

Sólo los artistas y los niños ven la vida tal como es.
Hofmannsthal

Tu tinta luce airosa hacia mi pluma,
la aurora blanca llama a mi cuartel,
feéricos retratos de tus manos
el sable son que envaino en mi plumier,
saco el estuche de color y canto
sutiles esbelteces de mujer,
sensual sosiego de una alegoría
en el vitral de algún salón de té,
y al fondo, cerca,
flor de pared;
a lo alto mira una áulica Gismonda
en su tan célebre y bello cartel,
mosaico de cuadernas estaciones
contempla en las metopas de laurel,
y la ligera dama de camelia
parece, con tibieza, se mecer,
merece más atenta la pupila,
muchacha núbil con su timidez,
loza y Japón,
todo en francés;
¡maestra es la belleza de una vida!,
destilación reclama sensatez,
presencie elencos el odioso bárbaro
que se rodea de asco hasta la hez,
los posos, melancólico, acaricio
con una cucharilla, he de volver,
¡qué sinsentido!,
¡qué estupidez!

A LA TUMBA DE T. S. ELIOT

We are the hollow men...

Al fondo, bajo el farol,
el cabal americano,
concentrado y humeante,
trajeado y solitario,
garrapatea en un pliego
versículos enigmáticos,
oxonita de modales,
bostoniano por el lauro,
con rictus de flema fría
y sangre de estilográfico,
el soporte de caoba
acoge el epigramático
pensamiento litigante
del sagaz portento humano,
que entierra ledo a los muertos
en un grial de contrabando,
la morcella en cenicero
de aromático tabaco,
y ático es el discurrir
hacia un místico capazo
donde piezas de ajedrez
surgen de un siniestro caos,
y siniestro es el sermón,
y siniestro es el océano,
y siniestro es Saint-John Perse,
Ezra Pound y el italiano,
Auden y hasta Gil de Biedma,
Fleet Street para aquí a mano,
y se bajan del tranvía
los Huxley oriflamados,

huele a curry por el Soho,
Worcestershire hasta el asco,
bullebulle londinense
en jardines victorianos.

A LA TUMBA DE QUEVEDO

Nadie ofrece tanto como el que no va a cumplir.

Terror, es tu secreto inextricable,
el conceptuoso espectro tras los muros,
detrás de lo sensato, los conjuros,
tras de lo angelical, lo abominable,
tras ese rostro femenil y amable
la *vanitas* herrada y güesos duros,
doblones de terror serán futuros
y tu alma, con la mía, deplorable.
Conspicuo, sin embargo, incluso en saña
es seña de otro mundo, paraíso,
tan grueso tu flagelo, gruesa España,
al alma ofrece al orto lo preciso,
¿quién duda de Fortuna, la ermitaña?,
¿quién no te tiene libre, manumiso?

A LA TUMBA DE CHAR

Je chante la chaleur à visage de nouveau-né,
la chaleur désespéré.

El jersey, todo piteras, desgastado,
la lechera que se firma en la pared
con seis huevos de gallina en la esportilla
y el estiércol aromando palidez,
con las medias orilladas al tobillo
rastreando en el Macizo oscurecer
de un plomizo cielo rezado y sencillo,
partisanos escondidos por doquier.
Un cachopo hueco junto a un olmo viejo,
rastreando en el Macizo oscurecer,
la sonrisa tierna, sola, en un instante,
y las hadas fusiladas en Cusset,
el ballet de grullas que en ballesta viajan
hacia el Sur, sigue el silencio sin nacer,
un reloj en la muñeca de un cadáver,
la espadaña, monte arriba, y el café
en su taza, peltre espurio y humeante,
orvallada, vaho, comienza a llover,
el otoño llega, hiere, pesa, pasa
rastreando en el Macizo oscurecer.
Vienen del apeadero las noticias
con el ritmo de un pajuncio y flaco buey,
la lechera sobre el suelo hecha un ovillo
agoniza, hay otra muesca en el jersey,
en el cielo no son grullas, son barnaclas,
rastreando en el Macizo oscurecer.

A LA TUMBA DE GRANADOS

¡Gloria! resplandor humano
que solo brilla un instante,
vapor que el sol desvanece,
humo, sombra, polvo, aire.
                              Selgas

La lágrima, la arena,
guitarra nazarena, pianoforte,
que ha naufragado el mar
manchado de Oriental.
Por jarcias y por vergas ensogada
Euterpe surge, y es vapor, del agua,
en nube funeraria que al bogar
anubla undosa la brisa al pasar,
y es gris su veste tierna,
montuosas sus estelas,
de muerte sin edad
a ritmo de Oriental.
Turífera y danzante la homilía
en simas de telúricos exilios,
y es dama tan galante y tan audaz
que hasta Saturno el eco ha de llegar,
oscura, en la galaxia,
helada, al corazón, enamorado,
al alma, al navegar
la mística Oriental;
retorna a fortalezas en gaviota,
ya parte emocionante tierra adentro,
su vuelo, aroma, quiere perdurar
en templos de memoria sin disfraz,
sin circunstancia rota,
rotátil cual borrasca, para siempre,
insignia nacional

en senda de Oriental,
sedosa como el dedo en el marfil,
un sueño con los párpados livianos,
el tétrico esqueleto ha de pulsar
el légamo de blanco y negro allá,
y aquí, como varada,
melódica morada, monocroma,
se obstina en resonar
despacio la Oriental.

A LA TUMBA DE PASOLINI

Ti supplico, ah, ti supplico: non voler morire.
Sono qui, solo, con te, in un futuro aprile...

Si hay hombres en el mundo,
y al hombre le atribuyo yo la hombría,
contigo es vagabundo
corsario en esta fría
edad que te mató, vejez la mía;
valiente, el más profeta,
el sabio y más perínclito anunciante
y más profundo esteta
de lo que en adelante
nos ha traído el diablo intemperante;
bien sé que allá has de estar,
cual príncipe primero, si hay un Cielo,
donoso y ejemplar,
sufriente mi pañuelo
te poso donde el hueso halla consuelo.
Descansa, niño bello,
tus pómulos heridos son la seña,
helado se abre el sello
con la trompeta, y leña
ya es todo de la Nada la estepeña
tierra que por herencia
nos lega el crimen ruin, más miserable,
para el hombre sentencia,
¿merece hablar quien hable?
La flor de amor te ofrezco, amigo amable.

A LA TUMBA DE STORNI

De perfume tenue,
corola cerrada.

El puente, me reclaman las espumas,
dogal es órfico y sutil cordel,
sujeta el cuerpo ingente y perfumado
una hilacha de miel
de tu cabello rubio, mi Alfonsina,
sin cielo y Sinaí y sin su dónde,
el río de Manrique entre los senos,
deja que te desfogue,
permite que me acueste a un flanco tuyo
y bese tus ojitos de papel,
tus labios de muchacha adolescente
y tu sedeña piel,
contémonos secretos en el lecho,
las sirtes donde crecen los amantes,
serán solfas menudas en cuantía,
mudas y musitantes,
retén mi cuerpo enorme y masculino
con tu feble osamenta de Astarté,
las olas se encabritan y protestan,
¡volved!, ¡volved!, ¡volved!
Lo dejo a tu criterio, mi nereida,
bien poco es la escollera si es sin ti,
una chalana pobre es el Atlántico
si existe sin delfín,
que mire la inquietud de los rosales,
no hay nada que le vede oler y ver,
los tréboles, las frutas y los árboles,
nos puedan poseer,

sé tú, sueño de verso delicado,
amada sin mañana y sin porqué,
y encuentren los marinos en la playa
la pluma y el corcel.

A LA TUMBA DE BORODIN

Una civilización que niega a la muerte,
acaba por negar la vida.
Octavio Paz

Eriges catedrales a susurros,
el páramo nevado,
sale la troica de San Petersburgo
y el héroe va afrentado,
la taiga se derrama, sin razón,
veloz y repentina,
vehemente la brida azota el varón
y la niña perlina
se ovilla bajo un zamarrón de marta,
tremante a su costado,
manguitos y manoplas del armiño
y el rostro encandilado,
de eslava en su sazón, tan flor de escarcha,
sensual y benjamina,
se aferra al brazo fiero de guerrero
frente a la zarracina
de nieve cristalina de diamante,
el hombre está cansado,
azota sin embargo más y más
hacia el campo pelado,
y la raptada cómplice lo observa,
azul aguamarina,
no ve en la lejanía más que nube
de gris, de muerte y ruina,
se abraza entonces más, incluso más,
al brazo del amado,
mitad quizá por su propio temor,
por verlo esperanzado,

pero al guerrero no le queda más,
el látigo declina,
lo suelta, se derrumba, el hombre ha muerto,
la estepa no termina.

A LA TUMBA DE SCHELER

... constante cesura entre
los períodos de vigilia y de sueño.

¿Qué ocurre en la otra vuelta, en la esperanza?
Por un instante has vuelto la mirada,
la frígida y pestífera estocada
me da medida de orden y templanza,
no puedo alzarme adonde a ti te alcanza
la mente tan joyosa y ultimada,
de modo que a tu féretro es la nada
mi esfuerzo de animalia, tan descalza,
tan desarmada, amorfa, vulnerable,
exánime, cuitada y desgraciada,
mi verbo tan lastrado e improbable,
así que vuelvo a mi cárcava helada
tan frío como el aire irrespirable
del cosmos donde paso esta velada.

A LA TUMBA DE REGOYOS

Siento vergüenza, luego existo.
Soloviev

Paisaje de paleta plenairista
de un pueblo que me corre por el hueso,
lo roe como un místico suceso
parado y dilatorio, pero artista,
tallón al cuello, buey y no bautista
camino yo al envés, soy el travieso
zagal del pueblo pobre e inconfeso
que asaz galardonaste con tu vista.
A veces es la mía, otras, ajena,
la fiesta no, las cruces cuotidianas
a las que sólo encuentro ruina egena;
alas para este engendro más humanas
cuelgan de mi alquería y queda llena
de dignidad, cual si fueran ventanas.

A LA TUMBA DE PREISNER

Deja que Cristo te encuentre.
San Juan Pablo II

La fuente, eólica distancia muda,
se arroja, agotamiento, hacia lo eterno,
en la coral que crece
igual que el niño hambriento,
y al rostro de mujer, orfelín, llora,
harapo sin concierto,
artículo ni gloria
que pueda llevar dentro;
peregrino en su voz,
fugaz será el encuentro,
en trenes por los bosques de Polonia,
firmado el testamento
en el sucio cristal,
jamás tanto lamento
jamás tanta anonimia,
jamás tanto esplendor sin argumento.
Las voces me acarician
el alma por el místico sendero,
y luces mortecinas
de ocasos sin fermento.
de ocasos de Silesia,
se agotan sobre los obscuros techos:
opacos mechinales del futuro
alojan aire y humo aquí, en mi pecho.

A LA TUMBA DE JULIO ROMERO DE TORRES

¡Dé el cielo a tu piedad don de milagro
y sanen los enfermos a tu vista!
Marquina

En medio del camino, en un cortijo,
como mendigo le pedí al guardés
nomás un buche del agua fresquita
que en un botijo hallábase a sus pies,
cenceño denegó el serrano amigo,
rencores con encía hacia mi sed
rindió y una amenaza entreverada;
samaritana, su hija se ofendía,
¡oh querida mujer!... ¡Hoy que me adoras,
todo de bendiciones es el día!
Abrió los ojos negros, cordobeses,
huyó de mí el anhelo de beber,
cual tolva, avergonzada de su padre,
sus ojos lagrimaron a granel,
morena como reses zahareñas,
sutil el ojo enorme en tersa tez,
bebí del sentimiento de la niña,
sentí que la su lengua se mordía,
¡oh querida mujer!... ¡Hoy que me adoras,
todo de bendiciones es el día!
"¿De quién has heredado tu bondad?,
¿qué escuela te enseñó morales artes?,
¿es tu belleza generosidad
que surte por inercia de tus carnes?",
canté sobre el rocino y me miró,
violento y azoguino, vil su padre,
mientras rubor el blanco conquistó
y oí que un corazón se estremecía,

¡oh querida mujer!... ¡Hoy que me adoras,
todo de bendiciones es el día!
Retrata, Julio, a mi benefactora,
oncena, quizá doce años a cuestas,
los brazos libres, ni siquiera pechos
y libres las clavículas alberas,
salada como arena a pie de mar,
de oliva fina piel, la boca prieta,
el labio colorado de carmín
sin tinte relajó, me sonreía,
¡oh querida mujer!... ¡Hoy que me adoras,
todo de bendiciones es el día!
Retrátala, pintor, por su sonrisa,
sonrisa que es su cuerpo, toda el alma,
no quiero yo morirme, jamás, no,
no dejaré yo el mundo a mis espaldas,
me niego yo a olvidar su sonreír,
lo llevaré conmigo en las entrañas,
no quiero nunca vista en desamparo,
no quiero abandonar Andalucía,
¡oh querida mujer!... ¡Hoy que me adoras,
todo de bendiciones es el día!

A LA TUMBA DE TORRENTE

Nunca entenderé por qué
un hombre quiere mandar sobre otro.

Tampoco yo, somos el enemigo
y el río está inundado de lampreas,
yo creo que se creen las almas feas
que pugnan en competición conmigo,
y así arremeten, casi ni consigo
un fútil respirar tras las peleas
con tanto ebrión de sórdidas preseas
que quiere que yo quede como un migo.
Humillan y rechazan tus exvotos,
Torrente, ballestero generoso
que entre los justos juntas tus devotos;
de palos que te dio aquel envidioso
regalos quedan, que sus alborotos
se los coma con pan, reseco y soso.

A LA TUMBA DE LAFORGUE

Ah! ce soir, j'ai le coeur mal, le coeur à la Lune!

Un huevo duro en las tripas,
nada más yo necesito,
el tintero rellenito
y una resma de aire negro,
para irse a los veintisiete
¿qué se puede precisar?,
¿qué salud puede importar?,
en la luna no hay ingenio,
yo la miro, como tú,
cada noche en la ventana,
son añejas mis entrañas,
tarambuco soy de pecho
aunque esbelto de intención,
vengo a darte una oración,
bueno, venga, una canción,
aunque aquí, en el cementerio,
queda feo, queda mal.
Vida perra del poeta,
pasa el siglo, no la meta
y, más o menos, igual,
eso nunca cambiará,
no es culpa nuestra, primito,
aire come ser un mito,
es cosa de los demás.
La radiación en la luna
sienta fatal a la piel,
y probado es que el papel
es muy poco nutritivo,
y las ninfas son reacias
a besarte de verdad,

¡sílfides, ¿adónde vais?!,
¿ves?, son unas papanatas,
cínicas como un mortal.
Bueno, amigo, yo me piro,
que la rumba catalana
junto al mármol suena rara
y me están mirando mal.

A LA TUMBA DE GREGORIO FERNÁNDEZ

En parte, el arte completa lo que la naturaleza
no puede elaborar, y en parte, imita a la naturaleza.
Aristóteles

Sangre con piel, en cian, como lacada,
relente en la mirada interrumpida,
es crística de luz y va vestida
de cripta en la ciudad indeseada,
y calla en esta estancia silenciada
sin un sayón que fuerce, que decida,
es dócil al formón como a la vida
que la historia legó tan novelada.
Se acerca el visitante hacia el portento,
se veta el respirar, que aquí está el arte,
ni un soplo desvirtúe la belleza,
ni un verbo desafíe al ojo liento,
se quiebra espectador de parte a parte,
el pie, los paños, manos, la cabeza.

A LA TUMBA DE DOSTOIEVSKI

Destruye mis deseos, erradica mis ideales,
muéstrame algo mejor y te seguiré.

¿Cuánto se puede odiar al ser amado?
Te lo pregunto, loco me respondes,
esclavas bellas y siniestros condes
sonsacas del cajón desportillado,
me apuestas unos kópeks al llamado,
perdemos ambos, luego te me escondes,
respóndeme mejor, y no me rondes
después como un fantasma despiadado.
La vida ya acabó y no se termina,
como si ya me hubieran fusilado,
¿cuánto pueden durar los estertores?
La ráfaga ensordece y me fulmina,
me tapo por un rázago estezado,
si no hay virtud, que al menos haya errores.

A LA TUMBA DE DELIBES

Los hombres se hacen.
Las montañas están hechas ya.

Ya ve usted, don Miguel, si me permite
acompañarlo por el Campo Grande,
que dicen que tienen identidad
palurdos y palurdas, ¡qué dislate!,
que son pompón, si tal, si quita y pon,
yo quiero ser humano y no me sale,
yo quiero ser adulto de mayor,
perdón por esta afrenta, tolerantes.
¿Tiene usted mucha plancha este domingo?,
podríamos subir a Valdeón,
que dicen que esta añada es buena en truchas
y vaya usté a saber si la ocasión
me lo concederá más adelante,
que viene con trajín la evaluación;
¡si viera cómo son nuestros guajines!,
se hará, se hará el camino, espero yo.
Subamos el domingo a la montaña,
por algo es la jornada del Señor,
el día de liturgia, misa y vaco,
de Ramos, fiestas y Resurrección,
yo pesco a mosca, nunca a cucharilla,
y nada espere, soy más bien torpón,
pero confiemos, sin desesperanza,
la trucha es quien toma la decisión.

A LA TUMBA DE CHAIKOVSKI

Una obra de arte debe ser armoniosa en su totalidad:
cualquier detalle superfluo se debe sustituir por otro esencial.
Matisse

Pero no falte esencia en sinfonía,
¡oh, abyecta tentación, que es el silencio!,
¿silencio?, sólo a Dios le pertenece,
al hombre le compete ser un necio,
y necio debe ser, ¡vaya ironía!,
gimnasta derrochado en el trapecio,
el público se enciende y se estremece,
prolijo conformar sabiduría.
¿Quién decidió que fueras infantil,
maestro cenital de los Urales?,
el niño sabe oír tal cual la vida,
el mundo es lienzo, es folio y es atril,
el hombre, si es eterno, es ministril
y así tiene que ser, por mal de males,
flautistas con batuta es la manida
lección que nunca aprende el homicida;
un burro, vuelva el hombre a nuestra orquesta,
el piano, los platillos, la celesta,
el chelo, la trompeta y el violín,
tragedia, groba y gruta, drama y fiesta,
fagot, el clarinete y el flautín,
el páramo y la silva, y la turuta,
el féretro, resurrección querida,
y el subitáneo efecto de un clarín.

A LA TUMBA DE POE

In her tomb by the side of the sea.

Tres rosas y una copa de coñac
dejamos, huerfanito tan querido,
Anabel, tu Virginia justo al lado,
juntas entrambas, Baltimore herido,
y otila solitaria aquí la luna
al paso nuestro, etéreo y contenido,
un beso delicado en la ancha frente,
un duelo, una oración de acaso un siglo,
un harpa, un piano, un chelo,
un credo malherido,
señuelos son melisma
de un coro femenino.
Nuestras caricias muelle renovamos
acá, donde naciones han nacido,
a quien heraldo fuera de la muerte
y hallárala con tan poco sentido,
Virginia soy, mi mano va delante,
a la que tú besaste compungido,
y yo soy Anabel, que cabe el mar
recuerda el oleaje y al marido,
la noche amenazante,
el miedo a ser nacido,
el miedo al abandono,
el miedo al vil suicidio.

El pánico nos une a este lugar,
la noche nos encela, retorcidos,
criaturas tan hermosas cual letales
candiles en la esfera que, prendidos,
incendian corazones, los hogares,
altares y covachas y arrecidos
fulgores de una máscara escarlata
con ojos de tiniebla, tan vacíos.

A LA TUMBA DE MILLAIS

To burn always with this hard, gemlike flame,
to maintain this ecstasy, is success in life.
                                                    Pater

La novia con su "¿por qué mis cabellos?",
Ofelia con su "por qué mi estertor",
la mártir con gris lejos, sin dolor,
herrada en mano, hermosa campesina,
muchacha de mortales ojos bellos
que mira a la mirada del pintor,
la pléyade de ejemplos del amor
que adorna las paredes de mi ruina;
¡qué ingente y dolorosa galería!,
no sé si agradecerte o reprocharte
ser el vidente de más maestría
de entera Historia del hombre y del arte;
Eufemia, mientras, posa todavía
en mi corazón roto, mi estandarte.

A LA TUMBA DE RESNAIS

Lejos, bastante lejos,
del pueblo mío,
encerrado en un monte
triste y sombrío...
Gabriel y Galán

Se pierde la vista allá,
mas no se agota el eriazo,
se ha agotado el celuloide
y te noto muy callado,
abatido de postura,
por demás, desesperado,
el cadejo es de cemento,
se ha fundido el encofrado,
llueven briznas blanco y negro,
la mujer sufre al costado,
se esfumó, pero un peceño
rastro, sombra, te ha dejado,
como espíritu cesante,
el cuerpo vaporizado,
si fue por azar sublime
por cierto se ha sublimado,
susurro aún sugerente,
de fantasma más que barro.
Beso al negro, en la pared,
al corpachón derrotado,
a la silueta esgrafiada
sobre el pecho enjalbegado,
Valladolid, amor mío,
o París, o pueblo hermano.

A LA TUMBA DE CHOPIN

Hay palabras que sólo deberían servir una vez.
Chateaubriand

"Yo quiero darte un vals",
le dijo el ángel a la enamorada,
su cuerpo de edelweiss
fue nomeolvides cándida en la sábana,
y el púrpura aromado
manó de sus entrañas,
ella le dijo: "Muerte",
el ángel dijo: "Amor",
y, mientras, las ojivas de la torre
de noches entre párpados, cegadas,
rendían a la altura
niñeces y nostalgias
de un Este imaginado e indolente,
estrellas en galaxias,
ella gimió: "¿La muerte?",
él respondió: "El amor".
Es vano imaginar, ella está sola,
lunáticas de noche son las damas,
luciérnagas en calma,
en cuerpo y en esencias deslumbradas,
los labios pálidos le rapsodiaban
una única palabra,
ella le dijo: "Muerte",
el ángel dijo: "Amor";
las teclas a tu paso
tan propia la elegía ministraban,
yo traigo la cintilla
atada en la garganta,

voló entre recovecos el deseo,
claror de la mañana,
ella lloró la muerte,
él respondió: "El amor".

A LA TUMBA DE BLANCHOT

*Il faut tout dire. La première des libertés
est la liberté de tout dire.*

Frenéticos poemas sin palabras
engañan blancos vértigos,
alambre hambriento que a enjutas las almas
condenan al silencio,
y un arte so pretexto de salud
baluarte del enfermo,
sosiego más de muerte que esplendor,
que seco es el desierto,
delatan al sediento relator
manidos argumentos.
A veces es verdad, obrar de genios,
feraz destilería,
alambicada mente y almirez
en sacra maestría,
pero más a menudo aquella usanza
nomás deja vacía
lo que quizás hubiera prosperado,
prolífica alcancía,
precaria la razón menesterosa
no cura carestías.
Poeta joven, lea usté a Blanchot,
lector antes que escriba,
desnudo, sin prejuicio ni temor,
estufa purgativa,
pues no tenemos prisa, que ya es tarde
y la Fama es esquiva,
y esconda sus otoños calamustios
al fondo de la escriña,
junto al coscojo y la postilla pobre
de la niñez perdida.

A LA TUMBA DE JARDIEL

Te nutres de imágenes cuando tú mismo eres imagen.
¿Cómo piensas tú, pues, subsistir?
Angelus Silesius

Cuando Dios te cuenta un chiste
te deja escuchimizado,
la risa en la cadavera
es tópico reputado,
en los pueblos de Madrid
torre inclinada ha plantado,
y el más listo de Getafe
suelta un lema entusiasmado
que compadrea y espeta:
"Tío, te has equivocado".
Se dijeron tantas cosas
sobre ti con tu legado…
que si fama, si laureles,
que eras un genio está claro,
pero la genialidad
brilla en hostil escenario,
poco gusto pesebrero,
caldero contemporáneo.
Hay un viejo por Callao,
treinta tacos jubilado,
que comenta que te vio
una tarde por Lepanto,
sube y baja la Gran Vía,
lo volea entusiasmado,
pero, creo, se equivoca
el enfermo imaginario,
que era Gómez de la Serna,
no es muy culto el despistado,

yo lo noto, lo comento
a mi auditorio preclaro,
pero no nadie interviene,
nada más me mira raro.

A LA TUMBA DE BLAKE

And the gates of this Chapel were shut...

Quien habla durmiente con apariciones
se arriesga macabro a sufrir las prisiones
del alma, la nada, el tormento, la fe,
el filo del druida sobre la garganta
ni los males cura ni el pánico espanta,
agónico y grave, si acaso la piel
taladra y taladra, dibuja y dibuja,
el rostro de hereje, la agenda de bruja,
se oculta en un nombre bello de mujer.
Perversa capilla la del alquimista,
hambrienta de dioses, morada de artista
que acuerda con Nix la negra religión,
y así posesiones quedan refrendadas
por el llanto austero del lobo en manadas
que aterra y desvela a toda la región;
las niñas, tan buenas, se embozan con manta,
gozan los amantes, el muerto levanta
y la parturienta da a luz con dolor.
Jacob mira al cielo, imagina escaleras
por donde descienden preciosas doncellas
con nombre encriptado, quizás Israel,
el nombre pronuncia la tierra doliente,
el nombre repite la fiera impaciente
y el nombre es sentencia en el mazo de un juez.

A LA TUMBA DE PUVIS DE CHAVANNES

Nin eu teño máis que darche,
nin ti máis que me pedir.
Rosalía

Esperanza de blanco,
misterio indescifrable, nuda y pura,
hierática pose
sobre muy detallada sepultura,
enervas y sosiegas,
contraste sinigual de la natura,
¡qué docta el alma humana
habrá logrado imagen tan profunda!
Esperanza desnuda,
enigma como seda, airosa y blanca,
soy yo una alegoría
también, aunque en retrato más ingrata,
esconderé mis tonos,
no los presumas de estameña y plata,
si es que es tonal el negro
de la noche total, desesperada.
Contigo el matrimonio
podría ser de frailes encerrados
en fríos monasterios,
con tu nombre besado entre los labios,
pero, ya ves, mi tinta
es del color que atenta en tus ensalmos
como jaculatorias
de un hombre que te hiere, enamorado.

A LA TUMBA DE DURAS

Écrire, c'est aussi ne pas parler.
C'est se taire. C'est hurler sans bruit.

Como el mundo dejar
atrás, en una playa, en los manglares,
el mar como estelar,
colonia entre soñares,
la mosquitera en marcos sin ijares,
los biombos orientales,
la arena y su salvaje silenciosa,
con ojos de cristales,
tan délfica su prosa
tan lánguida y tan líquida y preciosa
que a lacrimales olas
caricias abren flores entre amantes,
juncos y caracolas
en pectoral flamante
de la Indochina trémula y distante:
candil rojo, turquesa,
las jarcias olorosas junto al puerto,
la vulva principesa,
la pez, el ojo abierto
de rape, menstruación, tacto despierto,
la niña entera huesos
la niña toda encinta de placeres,
la niña entera excesos,
la niña, amaneceres,
amarescente especia de los seres,
el baño, el horizonte,
el goce, tras ellos luego la afrenta,
la afrenta sin remonte,
clausura, fin, tormenta,
la guerra, ustedes saben, los Sesenta.

A LA TUMBA DE VALLEJO

Al callar la orquesta, pasean veladas,
sombras femeninas bajo los ramajes...

La doncella entra en la noche,
casi acaba la verbena,
vuelve a casa, emocionante,
su vestido es blanco, esbelta
desaparece en la calle
con su pecho de azucena,
más allá de los candiles,
noche sin luna, serena.
Se despoja del calzado,
las francesitas traviesas
hirieron talón de hechizo,
los sudores de princesa
cromaron algodón pobre
de su manteo de reina,
y seduce a la nostalgia
con su fantasía nueva.
Escaramuzas de lobo
se intuyen desde la sierra,
y un búho desde un chamizo
refleja un par de planetas,
cuando tañe al aldabón,
abre el padre, mas no es ella,
calla extraña y tristemente
su niña frente a la puerta,
"no eres tú", y ella solloza,
¡cuán oscura es la vereda!,
llegan ecos, percusiones,
de la plaza y la verbena.

A LA TUMBA DE TENNESSEE WILLIAMS

De la fenisa reina importunado
el teucro huésped le contaba el duro...
Arguijo

Entré demasiado pronto
a mi cuarto del hotel,
hallábame tan cansado…
cómo esperar y por qué,
fuera tronaban fanfarrias,
chirigotas y un tropel
de nervio enjuto, demente,
mil idiomas a la vez;
dentro, deshecho el camastro,
huracán sin recoger,
a jirones la cortina
contenía mal que bien
los céfiros que del puerto
procedían, sal y pez,
un abrecartas de jaspe
en el suelo que, tal vez,
olvidóse el huésped súbito
que partiera en un traspié,
restos de lacre de sangre,
frascos de estilo francés
sobre el *boudoir* chiquitito,
uno roto, salvos tres:
el primero anaranjado,
ambarino, destapé,
güisqui malo contenía,
me aturdió con sólo oler;
el segundo en tono niste,
inodoro, desnudez;

el último era jazmín,
transparencia de mujer,
quedaba sólo una lágrima
en el fondo, sin verter.
Demolido y arruinado,
al servicio no avisé,
aunque sólo eran las siete
sobre el lecho me tumbé,
mareado y desplumado
los ojos bravo cerré,
pero cómo dormir, cómo,
¡cómo dormir de una vez!

A LA TUMBA DE TARKOVSKI

... pavorosa beldad de carne inerte,
astro apagado en luctuosa esfera...
Ros de Olano

Nuestro pecado es sólo la tristeza,
el triste cuerpo cuando el cuerpo es triste,
insiste más en el que más insiste
y escala desde el pecho a la cabeza;
la luz contra la tundra, la pereza,
existe solamente porque existe,
fuiste primero amor, luego te fuiste,
igual que es ilusión tanta belleza.
De dos en dos, vivos, desesperamos
a solas, muertos, nos diseccionamos,
consuntos, juntos sólo derramamos
el tiempo que sin más llega y traspasa,
pasa como la aurora, el cuerpo pasa,
pasa, que estoy muy solo, ¡piedad!, pasa.

A LA TUMBA DE INGRES

... donde Castalia su inspirante onda
vierte suave...
Lista

La virgen está aquí,
se escancia del extraño olor a flores,
en este baño sórdido
que aturde musical la carne, el goce,
quien ciñe la vihuela
ofrece en los pezones medallones
como los que se besan
igual en catedrales y prisiones.
María, que amamanta,
María, que da a luz en un pesebre,
María, la papilla,
María, que es esclava y está alegre,
María liberada,
María que calienta en lumbre el pebre,
María, que es doncella,
María trono, postración y peines.
Se sabe que está aquí,
infusos sus perfumes en las tinas,
las sales sonrosadas,
ingrávidas sus tetas tan ahítas,
morosidad y danzas,
allende el impudor y sus conquistas,
pechos como tinajas
que vierten en el agua la ambrosía.

A LA TUMBA DE PIZARNIK

Señor
La jaula se ha vuelto pájaro
y ha devorado mis esperanzas

Por la fotografía entra la luz,
funge mirada urgida, tan fugada,
y con intimidad, como a una amada
prendí la mecha ahogada, ¡ay, arcabuz!,
de piernas breves, bala y repentino,
pupila aguada en el fondo de un vaso,
mi voz la piedra hiende y la traspaso
de la locura nieto y celestino.
Cuando me doy la vuelta a mi hemisferio
eres una lisiada preguntada,
angustia manirrota y silenciada,
y yo Vulcano en trance de adulterio;
estetas ambos, sangre estomagada,
abortos de conquista y reconquista,
comparto foto, y con la foto vista
de Dios, de paz, de letras y de Nada.
Quisiera hogaño un soplo
detrás de tus orejas,
mas las encuentro viejas,
ajenas a mi acopio,
por tanto, mi porrácea, mi ideada,
te dejo de tu piel tan desprovista,
te sueño como gálica bañista
y como a cáscara de desollada.

Ya parto de París, ya me termino,
yo soy un profesor, y no un payaso,
lo siento y ceniciento es el Parnaso
a sombras del Cielo más argentino,
yo cruz, tú rosa, nunca rosacruz,
igual que santa y todo menos hada,
quede la senda larga, esperanzada,
y escapa mi figura a contraluz.

A LA TUMBA DE BARTHES

Le dictionnaire est une machine à rêver.

Llegué y él se marchó, todo seguido,
como si no pudieran convivir
forma con contenido, la muerte y el latir,
el paria y el faquir, el ave y el cernido.
La cruz es desde entonces el sonido
que a labra de mi arado es mi morir,
mi vida incontinente es el seguir
hacia la voz francesa que he perdido.
Inversa mía ha devenido entraña
ya menos palpitante, no hay futuro,
ya galicana voz o ya de España
no vale medio luis ni medio duro,
vendo a dos euros de Roldán la maña
y la maraña del hombre aburrido.

A LA TUMBA DE LOPE

Ninguno imaginó tan breve la vida
que pensase morir el día que lo estaba imaginando.

Celébrante la hazaña de bragueta
allende donde deben, Fénix noble,
la cruz no te la ven, yo veo doble,
por eso taso asaz icor poeta;
Talía todo debe a su profeta
aún más que Erató con su redoble,
Polimnia no a la zaga, tente inmoble,
ya quietas la aventura y la silueta.
¡Cuán bella es la mujer!, ¿quién lo comprende?,
¿quién se lanza a surcar tanta locura?,
¿quién fina en unos senos encallado?
Silencio, que es de tumba, vela enciende,
grafómano, carnal literatura,
la cera cierra el cuero lacerado.

A LA TUMBA DE MANDELSTAM

La tristeza inexpresiva
abrió sus dos ojos enormes...

Siempre, cuando ha nevado,
ofrezco un crisantemo a la blancura,
su muerte es amarilla
y como sobre un lienzo muere y zuma,
anónimo, remoto,
igual que lo es Siberia, taiga y tundra,
helada soledad
donde, supongo, no existe tu tumba.
Cuando hay una mujer
durmiente sobre el lecho de mi estancia
le poso yo una rosa
entre los senos cándidos, sin patria,
me paro y la contemplo,
respira lentamente, plena infancia,
y se me apena el ceño
en viendo la belleza, sangre pálida,
que llevo yo una vida
dejando sobre el blanco la negrura
de mis flores testigo,
mis malvas sobre el mármol, tan profundas,
conmuévese la amada,
decóranse jardines, prados, junglas,
les digo la verdad:
la flor en mí va con la sepultura.

A LA TUMBA DE HOLMAN HUNT

... muerto de amor, serás vivificado.
Luis de León

Con tibias campanadas
titila aquella luz que mueve el mundo,
despiértanse las hadas
allá, en el moribundo
medievo fulminante y tan rotundo;
el sol saber pintar
sobre la superficie de un cordero
es digno del altar
donde el más caballero
ofrenda su tesoro más primero;
y mientras, emigradas,
a cuatro pelirrojas por segundo,
rubores y doradas
del prado más fecundo
cortejas, hacendoso vagabundo,
con tus moldes de cura,
la barba larga como de cenobio,
y la sonrisa pura,
sin mancha y sin oprobio,
igual que la pupila de un buen novio.
Solteras y casadas
transitan por el lienzo inverecundo,
profanas y sagradas
absuelven pudibundo
a quien es del amor más orïundo,
y trato de aprender,
la pluma es diferente a los pinceles,
distinto el atelier,
pero sabrán los fieles
pintar por mente adentro mis papeles.

A LA TUMBA DE FAURÉ

... y, así, niega el tiempo: el mismo tiempo
que es vivido en el camino eterno.
Rosenzweig

La cárcel donde muere la princesa
aloja un clavecín que, silencioso,
le sirve ora de amante, ora de esposo,
hora tras hora de tierra a la huesa;
un réquiem te requiero a la francesa,
yo medio mitológico reposo,
del fabulario medieval soy poso
y muévese despacio mi promesa.
Melena asaz bermeja de micado
desbórdase sobre la colcha vieja
que cubre a este poeta malhadado;
rostro de cadavera se refleja
sobre este amante esposo derrotado,
sin patrimonio, hacienda ni pareja.

A LA TUMBA DE WHISTLER

Vino, primero, pura,
vestida de inocencia.
JRJ

Tiento desordenados los cabellos
que mi deseo, ardiente Tentador,
mandó bien concordar, ¡mundo traidor!,
bruñir hasta diamante y verlos bellos,
los rubios desangrados de dolor,
los blancos de vejez, sabios plebeyos,
los rojos con su gama de destellos,
los negros de lumínico amargor;
vino, primero, púrpura de veste
burguesa como hurí, yanqui, profana,
con modos de brutal, salvaje oeste,
y un corazón de atochas, espartana,
pero cuando se fue, cordial, celeste,
¡pardiez si todavía era mundana!

A LA TUMBA DE CÉLINE

Ça a débuté comme ça. Moi, j'avais jamais rien dit. Rien.

El más lúcido suicida
que se pueda imaginar,
les asusta el caso, abisma,
no te logran rematar,
y el diagnóstico no basta
cuando es cosa de narrar,
me la juego incluso yo
por estar aquí, y estar.
Zarparemos al horror,
el horror sin esmaltar,
Kurz de Francia consumida
que se sueña obliterar,
del invierno tierra adentro,
de hojarasca elemental,
del metal, de la hojalata
en la voz y el caminar.
Insisten en la locura,
¡voto a Dios!, no bastará,
no te traigo yo las flores,
los aullidos nada más,
un lebrel de mi Castilla es
mi costilla sin edad,
y te dejo, más que rosas,
un sangrante costillar,
sangre, piedra, hueso, bala,
cabotaje de escapar,
no han leído ni una línea,
qué tendrán que comentar.

A LA TUMBA DE DESNOS

J'ai tant rêvé de toi que tu perds ta réalité.

Si es que hay ritmo es que hay mentira,
sea santa la mentira de tu muerte,
los párpados cerrados y a tifones
un resplandor de lirios en la frente,
sensual con canto tierno a las inopes,
más tierno el delirar a las mujeres,
la lírica cabalga entre ferralla
al cielo donde reinan sus mercedes.
Hay nombres sin insignia en mis costales,
de ningún sitio, es un decir, franceses,
conflictos en política, gansadas,
furtivos y apolíneos intereses,
pon tú, mi amigo, los ojos a pares,
que yo de par en par abro los dientes,
la tarde de esta Europa sigue igual,
carbón, gasoil, orines en los trenes,
clarines en los sures de mi España,
por los mundos de Dios, misil, repentes,
perversa spopranía en mis harinas,
calambre y calambur en los alegres
busardos que me entierran bajo el ala
de tus viajes tan lentos, tan valientes;
reclamo tu legado, y al dictado
construyo un paraíso con tu ambiente.
Pero, mi amigo, ¡*hélas,* que un año más
nos trucan la promesa bruscamente!,
anáfora vacila tu prosapia,
la prosa aliena en el lugarteniente,
los astros, tradición, en los traidores
del pan antiguo, como en el reciente,

morir, morir sin ella, y en tu tumba,
y hallarla, aparecida e impaciente:
impacta entre sus piernas sin edad
el seco testimonio del sirviente,
y es tósigo, y es túmida silueta
la del presente bicho semoviente,
glotón de selvas, rutas, peregrinas,
la flor y nata hambrienta de pasteles,
al menos uno de esta compañía
llegó, qué importa cómo, a aquel Oriente.
Entiendan los que quieran lo que quieran,
los toros negros, los helados bueyes,
y entienda el parolero lo que entienda
de mi triste elegía improcedente,
te llamo yo poeta del amor,
me llamas agonista, fiel, rebelde,
me sabes a laurel, carne estofada,
yo a ti a milhoja y confitadas hieles.

A LA TUMBA DE ROBERT SCHUMANN

Amar no es sólo un sentimiento, es un arte.
Balzac

Nocturno en una barca, con su ondina,
su Clara, su naufragio, el río Rin,
la dama, más doncella que hembra humana,
desnuda su silueta tan sutil,
y un limpio claroscuro mientras tanto
frasea los adornos al violín,
sólo se deja puesta camisola,
el pelo suelta hilado en su sufrir,
los hijos sin amparo,
mujer casi infantil,
los ojos de planeta
fijado en el atril.
Son notas sobre el río, pentagrama,
donde nadó el escuerzo y halló el fin,
Drakenfels al costado, calla el remo,
y es sorda la querella allí infeliz,
¡ah, la felicidad, qué nimio instante!,
¡qué gélido es el cuerpo que por ti
se arroja en estas aguas de azabache
con olas, remanente bergantín!,
la piel empalidece,
los labios de carmín,
los ojos lacrimosos,
el pie sin mocasín,
sin paso, sin moverse ni alterarse,
la esposa mira al cielo, a su sinfín,
allá, tras las colinas, ya amanece,
habrá que retornar a su redil,

es Clara Schumann, su baño nocturno,
que emprende por febrero tan febril,
tremante vuelve al pantalán, la barca
amarra y cruza, esbelta, hacia el jardín.

A LA TUMBA DE SAN JUAN

… y el ventalle de los cedros…

"Mi reino no es de este mundo",
el ciprés se me extasía,
peregrino a tu morada
desde la ultratumba fría,
una y dos forman bisel
que a las tres confirman vías
transitadas por fractales
hasta el sur, Andalucía.
Yo ya pienso en paz, Irene,
y el bisel es de una flauta
que te asciende al caramelo
de las lomas de tu patria,
reyes de olivar umbroso,
nogueral, serbal y pautas
de papel sobre tus ojos,
que retornan esperanzas.
¡Cuán escuras son las noches
de este lecho, tan vacías!,
¡cuál terror por las helgueras
no alumbradas por tu vista!,
nunca llegará el mañana,
a trasvuelo este cronista
añora unos labios bellos
que jamás oyó el vigía.
¡Ay, qué pobre el centinela
y el bracero de milagros!,
paz dormir asido al cuerpo
del infinito estrellado…

y en el monte hay un castillo,
en el castillo hay un cuarto,
en el cuarto hay una cama,
dama, amor y candelabro.

A LA TUMBA DE LYNCH

… tengo en monedas de cobre
el oro de ayer cambiado.
A. Machado

¡Qué efímera cochambre forma el suelo
donde la vida mana, bulle, medra,
escenas escondidas tras la hiedra
de tornadizo nombre y sin consuelo!,
el suelo es la extrañeza, áspero el pelo,
y la muerte vulgar como una piedra,
el genio, si es que es genio, no se arredra
por púa de la pulga ni escalpelo.
Aquí muestro mi pecho, así, desnudo,
abiertas las solapas, la camisa,
gallardo timonel, naufrago y sudo
cagándome hoy en todo, hasta en la brisa
del sexo, anhelo, la hembra y no me escudo
en nigromancia aviesa o negra misa.

A LA TUMBA DE RUSKIN

All art is but dirtying the paper delicately.

Al hada Hipocresía en mi paseo
hallé en un pétalo de margarita,
pasteles de ruibarbo di a Perseo,
a entrambos en la pérgola usté invita,
lo crespo es suave en su sutil fraseo
y a pelo redro el harpa se encabrita,
a crin de axila aromo, y mi trofeo
modela el apelar a la bonita:
bonita la niñita victoriana,
bonita potra en víspera campestre,
bonita víscera de la mañana,
bonita alcoba, sueño el ocio ecuestre,
bonita la sabina ultramontana
y sueño un caballero que secuestre.

A LA TUMBA DE LAUTRÉAMONT

El elefante se deja acariciar. El piojo no.

Un golpe de tambor es circunstancia,
¿la música de esfera?, permanencia,
la vieja es circunstancia,
la niña es permanencia,
el vuelo del cendal es circunstancia,
el aire permanencia,
la falda que se eleva circunstancia,
galante permanencia,
¿París?, ¿Montevideo?, circunstancia,
Crimea, Prusia, Francia,
la guerra y el deleite, permanencia,
la nervia y la paciencia,
en fin, son circunstancia,
la espera con su ciencia
pica un poquito más con permanencia,
del todo la presencia,
tu perro es circunstancia,
el conde es permanencia,
y aunque a veces conciencia
se pierde y se silencia
es toda permanencia,
tú, yo, la circunstancia,
la historia es permanencia,
y Dios, nada de nada, es trascendencia.

A LA TUMBA DE GOMBROWICZ

... la misa poética se desenvuelve en un vacío total.

¡Ferdydurke, Ferdydurke!,
tanto como vos soy conde,
¿y polaco?, por qué no,
por un alien me han tomado en
esta rosa de los vientos
en variable la ocasión,
en París y en Edimburgo,
Luxemburgo, los Madriles
y mucho por Washingtón,
y, ¡vive Dios!, no tan lejos,
en Soria, León, Oviedo,
hasta aquí, al lado, en Sardón.
Verá, que me ando escribiendo
un codicillo de versos,
elegiaco, y pensé yo
dedicarle a usté unos pocos,
que no poco me mimara
siendo un pollo rescaldón.
El problema es que a desmano
pilla Vence a este Fulano,
¡qué más quisiera el autor!,
así que sencillamente
voy a asomarme a la calle,
voy a salir al balcón
a declamarlos a gritos,
me costará, que soy tímido,
y eso es todo, Filifor:
"¡Ferdydurke, Ferdydurke!,
¡qué alma noble, grande, excelsa!,
¡mi padrino, mi mentor…!"

A LA TUMBA DE MIRÓ

... ser completamente hijo...

Suenen campanas de España en
cada torre, cada calle,
que ha muerto humilde Miró,
¿falleció con él el arte?,
el arte de novelar
limando cada detalle,
calle España, calle el mundo,
y hasta Dios, su amigo, calle,
valles fértiles, silvestres,
con sus pueblos de Alicante,
descritos a asnal paciencia
con vocablos penetrantes,
ven pasar como alma en pena
la lepra de ausencia en carne,
por resayos de azucena
y requejos lujuriantes;
hoy asfalto y corrupciones
son su ton y su donaire,
y en el huerto de naranjos
navegan ciegos cristales,
ya no es luminoso el día,
las noches son aquelarres
y las barquitas del mar
truenan tráfagos gigantes.
¡Se nos ha muerto Miró!
¿Nadie quiere transitarle
las basílicas paciencias
y las abaciales frases?

Deja esposa con dos hijas
pobres, bellas como esmalte,
con trenzado pelo zaino
y el amor como bagaje,
la veintena de librillos
y un adiós triste y afable.

A LA TUMBA DE ZULOAGA

El horizonte está en los ojos y no en la realidad.
Ganivet

Cuando España no está hambrienta
se hunde el mundo, está probado,
y eso no es casualidad,
aunque predico yo en vano,
así que junto a su estrado
un castizo desalmado
se ata machos en el ruedo,
viene a darle unos brochazos:
las águedas en la plaza
y un Cristo junto a un gitano,
un tambarón pedigüeño,
un murallón deturpado,
una salida de misa,
un podenco desdentado,
una coima con peineta,
un maño y un segoviano,
una andaluza jamona
y un pensador ermitaño,
un bodegón de labriego,
un pegujal de ganado,
una gotera en el techo,
un mozalbete muy vasco,
bermejote de carrillos
con la espalda como un barco,
el expósito y el pote,
el chusco de pan migado,
la viuda junto al perol,
el cura y el marmitaco,
el guiso en la bilbaína

y el tiempo más que parado,
chopo, el carrasco, la encina,
el acebuche chaparro,
y esas manos agrietadas,
cuarteadas, como barro,
macilentas, arrasadas,
del abuelo con su arado,
choto, jamelgo, jumento
y mulo azorrado y malo,
todo sea por el mundo,
todo sea por el bien,
por cuidarlo, por salvarnos.

A LA TUMBA DE CELAN

... dein goldenes Haar Margarete ...

Donde todos ven silencio de amargura
veo a un bardo desnortado y marsupial
por los bosques europeos, ensoñados,
el sochantre clásico y sentimental
que persigue, cencelladas entre abetos,
a una Dánae desnuda e ideal,
lábil sol, sutil un pétalo de luna,
como un rayo, como el aire, como el Mal.
Veo al lobo solitario y humillado
que va aullando cabizbajo hasta el final,
tartamudo, gangosillo, zarabeto,
que se esconde en un cubil bajo un rosal,
un jasídico asfixiado y violinista
que huye, estepa, el horizonte y el cardal,
secarral de tundra, bruma, noche y turba
que se ahoga en su París, alma rural.
Veo la trepidación de los relojes,
veo muerte azulejada de hospital,
veo un puente suburbano, sin esencia,
veo sucias las ventanas, sin señal
en un allende opacado, deslomado,
veo gelidez, el agua, el animal
que fracasa, que se rinde, apenas feto
de una dársena menuda y sin fanal.

A LA TUMBA DE RULFO

*Nada es más desolador que el eco
de una voz que ya no podemos oír.*

La poesía es la lengua del Cielo,
¡por cielo será el de tu pergamino!,
tu chamo tan pureta y hediontino,
cristero de saguaro e hirsuto pelo,
destinos con su obsolescente duelo
se filtra con el pulque, y dragontino
amusga la mirada clandestino
y vierte sangre seca sobre el suelo.
Cielo desierto, y a los pies un rifle,
no obtiene la respuesta de arrogantes,
los muertos mejicanos, sin atifle
ni torno ni horno, gringos disonantes,
no quieren ni amistarte mercachifle
y el cóndor sobrevuela más distante.

A LA TUMBA DE CHRISTINA ROSSETTI

Lie down and sleep.

Melindres de odalisca sacrosanta
contrastan con siniestra lividez
que pálida le tunde a blanca tez
el mármol, tentaciones a la infanta;
tanta aliteración en la garganta
será la brisa fúnebre, escasez
de lúgubre encantada timidez
que itálica a la piel remite y canta:
¿no es este mi español sermo glorioso,
pintiparada voz de poesía,
que por mucho que aprietes sale airoso?;
respóndeme al revés esta elegía
y la bella doncella a quien acoso
es Roma, amor, y en anglo desvaría.

A LA TUMBA DE DICKINSON

Wild Nights – Wild Nights!
Were I with thee
Wild Nights should be
Our luxury!

Dibujo en un pergamino
resedas a luz de luna,
el esfuerzo me pervierte,
la piel extenuada exuda
el grafito sincopado
por el camposanto ausente,
¿cuáles son tus relaciones
con la carne de la muerte?
Pergeño en un pentagrama
la cuna de los bautismos,
la perfección no procede,
la clave es un arabesco,
la templa me tizna el rostro
apenado e indigente,
¡qué acólito figurante
del paisaje de la muerte!
Garabateo en un pliego
la pila del nombre hermoso,
el sudor hiela mi frente,
apenas despejo el álgebra
tras telón de mis alquimias
y del terciopelo verde,
me aproximas los recados
de la novia de la muerte.

Le ruego al coro seráfico
la brasa de tus denuedos,
el hedor crudo estremece,
junto a mí corre el planeta
rumbo al caos del vertedero,
nuestra estela se resiente,
doce llevo las sortijas
de la esposa de la muerte.

A LA TUMBA DE LOUIS MALLE

*Je n'ai jamais vu la dignité
de l'homme que dans la sincérité de ses passions.*
Drieu La Rochelle

La bruma atlántica, húmida grisalla,
es un continuo mudo e intangible,
una tristeza como chimenea
de fábrica normanda, incombustible,
cacumen caronjado hondo en el pecho,
ya no hay calor ni en el amor de un cisne;
en la caricia de yerta lascivia
que mata agonizante al hombre libre,
en la ventana siempre tan lejana
que expándese en el foro de algún cine,
en asmas de tabaco moribundo
cuando el antiguo amante es inservible,
en humo de un quemado paraíso,
ya no hay amor ni en el finar de un cisne;
de un cisne caducante que en el lago
helado no halla fuerzas para irse,
de un malecón, ajado y arruinado
por decadentes verbos indecibles,
de un asesino enteco y desplumado
que ya no encuentra vez de arrepentirse,
ya no hay pasión si el hombre está agotado,
ya no hay final en el fosal de un cisne.

A LA TUMBA DE GALDÓS

La cher est triste, hélas, et j'ai lu tous les libres.
Mallarmé

Poder para la gente en los escaños,
los otros ya lo tienen porque sí,
la gente, la normal, gente corriente,
Florindo no, Isabella ni Arlequín,
en tiempos sin dos dedos en la frente
el arsenal habrá que constrüir
y a la naval batalla dirigirse
en un real velero bergantín;
insigne general de gesto amable
que posas con la cacha y el mastín,
reclámate la Historia y nuestra España
te necesita más que el existir,
tu recital, tu especia, tu mirada,
tu rastra de bolaga sin pulir,
tu irónico apelar a las alturas
con las que no pretendes competir.
¡Qué atento conocer a las personas!,
¡qué compasivo arte de describir!,
hipócritas del mundo, escapen, tiemblen,
de nuevo el garbancero ya está aquí,
el más inteligente hombre sincero,
flagelo contra el pérfido y el ruin,
mi gorra de paisano me destoco
y mi harpa suena a chotis de Madrí.

A LA TUMBA DE COHEN

… il est mort sans surprise.

Cuando eres la mirada misteriosa
entre el lilar y el río,
con blanco de cal griega
y ebúrneo desaliño,
a la guitarra absorta saco arpegios
gitanos y sombríos,
a ti canto, andaluza,
a Ti yo me confío:
cuando eres voz y paz,
y abismo, e infinito,
remonto y ceremonia es verte madre,
recuérdome yo niño,
prohíjo al escuchar
tu aliento tan prolijo,
en una simple alcoba sin hogar,
y a Ti yo me confío;
aquí me tienes, dama,
trovando a tu cabello tan bonito,
hoy corto de poeta sevillana,
católico y judío,
errante santidad
de atónito albedrío,
me entrego susurrante a cualquier guerra,
a Ti yo me confío;
aquí me tienes, cuando
el tabernáculo es tu domicilio,
y aromas de romero,
fragancias de tomillo,
impregnan estas sábanas de lino,

¡amar es tan sencillo!,
concede sólo tiempo,
a Ti yo me confío.

A LA TUMBA DE MAX WEBER

Morir es un acto sublime.
Jean Paul

Manidos píticos que siempre buscan
abismos al final del mismo mar,
a veces hallarán un sufrimiento,
a veces feria para comerciar,
el hambre sólo es hambre, sólo es eso,
y el hálito se obtiene de soplar,
el vaho va solo, es cosa del invierno,
y es caso de mujer el suspirar;
es caso de chiquilla de ojos vívidos,
longánima la infancia que explorar,
es caso del llagado postulante
que siente estremecer la parva edad,
del mórbido doctor que se retira
y deja el tenderete sin cerrar,
consejos da sin ton y sin sentido:
es cosa de mujer el suspirar;
suspiros de pupila primeriza,
efímeros suspiros de rumiar
el desamor, pobreza, la tristeza,
el desencanto duro de enjuiciar,
¡cuán vanos en el viento, sin destino!,
¡qué vacuos los desechos del telar!,
a todo trapo llegan los zurcidos,
de suyo, a la mujer, el suspirar.

A LA TUMBA DE BOUSOÑO

... como una mano leve que arañase una sombra.

No es hora de morir, se ha hecho muy tarde,
disculpa mi execrable melodía,
jaculatoria de hambre y de falsía,
mi siglo no es el tuyo, soy cobarde,
la pólvora en mis guerras de aguas arde,
de lodos que sirven la angustia fría,
vuelan al firmamento, mas diría
que el pie sobre la tierra es un alarde;
es fláccida mi pierna, más la lengua,
el cáliz del poeta es derramado,
vencieron en la iglesia los feriantes,
tu estela ya se fue, siquiera mengua,
yo soy un ignorante censurado,
se piensan que recito credos de antes.

A LA TUMBA DE PETRARCA

Più giro il mondo, e meno mi piace.

Un alfa, un esplendor, una Papisa,
un suave nerviosismo incogitado,
una llave de Amor con su candado,
una mirada, un beso, una sonrisa;
la salve, gloria, quirie, coral, misa,
el Ródano de flor enamorado,
el lauro de un planeta ensimismado,
epitalamio, abismo, sima y brisa;
la aliaga, el agapanto, la lavanda,
la rosa que ilumina, aturde y ciega,
la piel, pupila penetrante y blanda,
un aluvión de nieve veraniega,
la piedra, el arca, el pliego, la comanda,
el surco que conduce hacia la omega.

A LA TUMBA DE TIZIANO

El color es mi obsesión diaria, la alegría y el tormento.
Monet

Para que no se te cure el oscuro
tono que hacia lo eterno te sepulta,
supiste convertir el fondo en culta
serenidad labrada en llantos de oro;
Tiziano, veneciano, tu futuro
no se hundirá siguiendo senda estulta
de la exultante y bella dama oculta
al fin de adriáticos seda y conjuro;
Dios quiera que yo aprenda, que el lastre que
me curte y me secunda tu cachorro,
en tuya maestría, en pluma, trueque,
y que emergente vuelvas en socorro,
no vaya a ser que el chico grande peque,
que sé que oscuro hacia lo eterno corro.

A LA TUMBA DE VALVERDE

me callaré despacio, como el niño feliz
que se duerme, en las manos el juguete.

Se mecen las alhucemas
en el halda de colina
y un sabor de alcaravea
derrama la golondrina,
la garriga es el esfuerzo
de quien trabaja y se obstina,
¡qué hermosura Extremadura!,
y la cigüeña ahí arriba,
y en el cortijo una alcoba,
y en la alcoba una niñita
que a través de una ventana
a un alcaudón escudriña,
cabritas y chotacabras
perfilan la comitiva
y a la bella interesante
siluetea la cornisa.
Al anochecer silente,
como a Dios, esta mocita
espera a un abencerraje
so luz de luna, cautiva,
con ojos como candiles
y rocín de Andalucía,
cometa de estela dulce
surca el llano y la camita.

Crece la noche y se muere,
amanece cruel el día,
la vieja pena en su lecho
besando una crucecita,
se mece el juncal del río
con Portugal a la vista,
la senda, el cardal, el buitre
y el arriero hacia Castilla.

A LA TUMBA DE SANTO TOMÁS

No hay libertad sino en la verdad.

Ya puede, cuanto quiera, el poderoso
herir el Bien, edén artificial,
el Mal hará, consunto como erial,
esclavo al revés, si no es verdadero,
que en sirte vana hiende, es hoy airoso,
clavado en anclas de guerra y metal,
los pies al viento, al lodo el parietal,
ya puede jurar, si no lo es sincero;
sincero y verdadero quiero ser,
que en monstruos hoy encuentran escondrijo
mil vates sin mollera ni taller;
espiritual el padre, anhela el hijo
hilar del hombre versos con poder,
hermano de tu mano y crucifijo.

A LA TUMBA DE YEATS

Us who are old, old and gay,
O so old!

El chápiro mayor de esta comedia
al lubricán del día su remedo
encarna a la encantada y verde harpista
que canta un impostado son gaélico,
pero da igual, Irlanda es de esmeralda,
y el alma lega vaga al firmamento,
que es uso literal, no figurado,
la poesía es la lengua del Cielo;
estrafalaria prueba, dirán muchos,
ontólogos, pascales y los clérigos
del escolasticismo más cerril
o del mejor, más arduo y más sincero,
por mor de los kantianos, los morales,
herejes monotélicos o ateos,
la buena siempre estuvo entre nosotros:
la poesía es la lengua del Cielo;
lo estuvo en el Tabor entre elegidos,
en Glendalough también, entre senderos
ocultos bajo el musgo mientras Eyre
siembra en la noche estrellas con arpegios,
y en piélagos profundos bien lo sabe
incluso el desalmado más artero,
más sordo, sus crujidos entre dientes:
la poesía es la lengua del Cielo.

A LA TUMBA DE LACAN

Je dis toujours la verité ...

Tú siempre, siempre a punto de decirlo,
de resumirlo al cabo del dispendio,
el ápice mordido, sentencioso,
mordaz como un dios Pan, rey de silencios,
un Minos, laberintos, ser y escombro,
con tus sustituciones y tus juegos,
¡ay, truchimán liberto a los mortales!:
la poesía es la lengua del Cielo;
y siempre impresionando a los presentes
como un gran sacerdote milagrero,
un druida o un chamán en denso trance
de prédicas herméticas de fuego,
ardientes los discípulos, penates
de un irredento, hondo desasosiego,
digámoslo en un solo endecasílabo:
la poesía es la lengua del Cielo.
Teólogo soy yo de la Presencia,
no alcanzo ni a aspirante a citaredo,
el elefante de la habitación
supone mi trivial descubrimiento,
como otros tantos del mismo percal
dirán que siempre, siempre lo supieron,
yo humildemente labro el epigrama:
la poesía es la lengua del Cielo.

A LA TUMBA DE DANTE GABRIEL ROSSETTI

Memorial from the Soul's eternity...

Dos gazeles deliciosos
revuelven vuestra melena
con especias musicales
al compás de la azucena,
Cipariso, tan constante,
la mansión dejó serena
tras el sol crepuscular
de Kent. Y suena, suena
como un eco la locura
en esta campiña yerta,
el rogosto a laudanina
huele a lima y huele a absenta,
aserrado y saturnino,
a una huesa y tierra abierta,
inhumó, ¡mujer!, ¡amor!,
al pintor junto al poeta.

A LA TUMBA DE BATAILLE

Un espacio constelado de risas
abrió su abismo oscuro ante mí.

Se terminó la fiesta, mal me sabe,
peor en mí, por donde fluye sangre,
paisaje inapetente y consumido
de gris y cenicienta y lienta carne,
con prisa en el plumífero artefacto
urgido por el tiempo, tan frustrante,
su recoveco angosto, su bufido
que no es pasión ni eróticos sus mares.
Masacre bajo plastas de los pies,
acres sabores a rumor terrible,
por altavoz esquirlas sin salero
y en cuerna de los ruedos los perfiles,
lo que en ti fuera sana perversión
encuentro en mí transido, como un crimen,
y me corean dríades calladas
con sus donosos sexos tan sutiles.
Que se haga luz, comento, ante tu tumba,
de sórdida manera, soy su padre,
turíbulo a mi industria torticera
se le hace de repente pronto y tarde,
tú acampas en los lares de Marianne
y yo gobierno en páramos solares,
principio y fin de sueño y raciocinio,
te dejo aquí la flor de los finales.

A LA TUMBA DE CARAVAGGIO

No hay más muertos que los llevados por los vivos.
Baroja

Claror omnipresente, ahí envainado,
Merisi, mi sicario y pecador,
en Porto Ercole te dejo inhumado,
y nos carcajeamos, mi traidor;
oscuro, te condeno a perdonado,
sanguinolento y loco tu estertor,
sobre tu busto el foco depurado,
olas te brizan brusco alrededor;
¡qué broma, qué desplante es esta vida!,
¡qué absurda humillación a quien es genio!,
¡qué aceda vomitona de homicida
que cae a lumbraradas al proscenio!,
¡qué débil vara el alma consumida
cuando ábrense los lacres del convenio!

A LA TUMBA DE WAGNER

Los hombres solos hablan demasiado.
Godard

Con Freija fértil, terne, justo al lado,
el cisne blanco dé al renano al lodo,
acuna tu metal gola de godo
que en la ruina letal maja y retumba,
pizmiento sueña el duende obnubilado
del sur de otra Baviera, mixto epodo,
maestro ora de furia o acomodo
ora de oracular y vacua tumba;
tu tumba, tu panoplia de violines
se impulsa hacia adelante con violencia,
repulsa un XIX sin confines
y aluna una improbable procedencia,
apodo el tuyo olvido, y los clarines
alados te aventuran penitencia.

A LA TUMBA DE LEOPARDI

Sempre caro mi fu quest'ermo colle...

¿Dolor mayor que amar
y no ser nunca amado por mujer?
Algo ha salido mal,
que no hay ojo sin par por poder ver,
ver ojo que es vez luz,
ver luz que es el calor y es el placer,
¿vivir siempre de noche,
de noche eterna sin amanecer?
Aspasia inconmovible
transita por adarves de este claustro,
la encuentro, ella me ignora,
la sigue acosador su cruel bestiario,
el pérfido Asmodeo
con su coro blasfemo, atrabiliario,
que aturde y atribula
y nunca la libera del escabio.
En fin, qué perra vida,
común es hoy no conocer amor,
pero no duele tanto
a quien no sabe amar, ya sin honor,
al alma de un poeta,
en cambio, es por completo destrucción,
¡que no salga la luna,
que no aparezca, por favor, el sol!

¡Ay, tímido acendrado!,
te dejo sobre el mármol esta flor,
no es flor de una mujer,
lo siento, nadie a mí me la entregó,
un nardo breve y casto,
ni plantó, ni la cuidó ni la regó,
sobre la piedra blanca,
ni cosechó, ni a mí me la vendió.

A LA TUMBA DE KAFKA

Todos los errores humanos son fruto de la impaciencia.

Se pudren al calor estas palabras
infames, escocidas, sufrimientos,
incólumes las portan estas manos,
Milena es el primero, con sus astas,
luego va Viena, valsa sobre el tiempo,
nodriza en fiestas de los candelabros,
rotamos en rebaño hacia la Nada,
o a Dios con su belleza, nada nuevo,
o válgame si acaso imponga el algo,
y al cabo te reposo en esta casa,
ni un gramo en tu infantil redruejo viejo,
con algo de adelanto, pocos años.
El último es la técnica de araña
con la que grabo en cuero y yo me pierdo,
escoplo en sinsentido, así encontrado,
paciendo vanos verdes a la entrada,
a espinas de dorsales me amanero,
y hogaño aquí, epitafio, dejo a un lado.
Alado de comedia aquerellada,
de hebreo se nos tiñe tu libelo
de leviatán, ballena o de musgaño,
diciendo que la tierra al cielo pasa,
igual que la derrota junto al miedo
y junto al bosque torvo en orbe claro,
y espejos en costillas, cara a cara,
y dientes sobre dientes, suelo al suelo,
y huesos pareados en el brazo,
hasta que la palabra queda clara;
derrámase con kas entre los dedos,
en dédalos y escrófulas si acaso.

A LA TUMBA DE WENCESLAO

La humanidad trabaja por horror al trabajo,
por un afán tenaz y esperanzado de librarse de él.

Líbrenos Dios de elegías
y de abejas en los labios
en el oficio de los solitarios;
y líbrenos de escritores
sin espinas en las manos,
sin libros ni cerrojos ni candados;
líbrenos de los tumultos
por los bosques encantados
por donde penan los disciplinarios,
y líbrenos del flagelo
del rosario en torno al cardo
de lenguas sin su savia y sin su escabio.
Poso en mármol el estribo,
pie de rey y abecedario
de cuanto dé de sí mi desencanto
y reposo un cartapacio
con los liberados ratos
en la raíz de un roble o un manzano.

A LA TUMBA DE BUZZATI

Navigare, navigare, era il suo unico pensiero.

Tal vez el esperar a la esperanza
sea todo cuanto quepa esperar,
y cualquier certidumbre corma, errar,
errar de don Quijote y Sancho Panza;
tal vez el buen vivir sea balanza
del hambre y la abastanza, y a zampar,
hibridación de hielo y alampar
en dúctil equilibrio, credo y chanza.
Critícole el ludibrio cuando es serio
y la severidad, si es excesiva,
estepas castidad y el adulterio,
estepas rumia y llama y llaga viva,
un páramo de risa y de salterio
a tumba abierta y siempre fugitiva.

A LA TUMBA DE BAUDRILLARD

La télévision ne connaît pas la nuit. Elle est le jour perpétuel.

Yo soy apenas fámulo, lo sé,
no puedo entrar al templo del poeta,
me escondo, ¿mía una presentación?,
¿una reseña, un púlpito, una feria?
Si procediera, signo lapidario,
sería sentenciar que ya está muerta
mi vida, mis amores, mi señora,
mi esposa del buen Lot de sal en piedra.
La sal, su "¡sal!", tengo más que asumidos,
no es ése el punto ni es ésa mi empresa,
que el cuento de Acteón está aprendido,
más dentro que enquistado en pura médula.
La mente hacia el futuro, tan vibrante,
veloz como el rasar de la libélula
se alía con el tábano doliente
que prefigura el fin de aquesta piedra.
¡Oh lauda y oh silicio!, frío láudano
que pasma al coro, al carro y a la orquesta,
desciende de la acrópolis al fin,
¿que nadie lo predijo?
                              Hacia la ameba.

A LA TUMBA DE GREENAWAY

Il n'y a que l' inutilité du premier déluge
qui empêche Dieu d'en envoyer un second.
Chamfort

No estás muerto, cierto es, ¿eso importa?,
la tumba, bueno… es de Georges de La Tour,
pero este tórrido Watteau del sur
un cirio te coloca en el bonete;
para un buen confitado aquesta aorta
valdrá, con los vitriolos en yogur,
aquí está un chef vulgar del calambur,
grumoso rimador, remo grumete,
para que la velada se haga corta,
y este trivial sarao vuele a su albur
me ofrezco como mártir, tu tahúr,
sollastre del motete y del sainete.
El chiste este del té y de la tetera
treinta y tres veces cuento, tartamudo,
¿es que te hastío?, de temores sudo,
será sensato ser más silencioso,
que sé cómo las gastas, calavera,
¡qué jefe el Grinegüey, qué pistonudo!,
que soy o no lo soy, no muerto, mudo,
y como aperitivo… bueno… soso.

A LA TUMBA DE CANETTI

¿Cómo llamar "altanero" al que, durante una cena, se quita los vestidos ante sus discípulos, se ciñe una toalla, echa agua en un lebrillo, les va lavando uno por uno los pies, y reprende al que no quiere dejárselos lavar, diciéndole: "Si no te lavare, no tendrás parte conmigo?" (Juan 13,8).
Orígenes de Alejandría

Del ábrego llegó aquel sefardita,
jenízaro de ajorcas escondidas,
a todas las Europas convidado,
entrambas cejas crespas y esponjadas,
erudiciones de arduo hasidita
y flacas ironías en la brida,
herido por montura un crudo onagro
de pelo tordo y barba en la quijada.
La venta no escuchaba ni a la brisa
en esos tiempos de la trompa altiva,
e igual que vino ajeno y exiliado
arrieros compartieron sus tajadas:
britanos con olívano en la risa,
los galos con la cresta presumida,
con bosque a cuestas el glotón germano,
latinos arruinados a nostalgias
e hispanos que a luctuosas homilías
lo oyeron, mas pardiez si su visita
dejó en el pasajero algún recado
para las venideras circunstancias.
Un rozo hecho de insomnio y su bujía
estudio en este estado de vigilia,
¿quién era aquel judío errante, errado
conforme a las presentes arrogancias?

A LA TUMBA DE STERNE

Al rey la hacienda y la vida
se ha de dar, pero el honor
es patrimonio del alma,
y el alma sólo es de Dios...
Calderón

¿Me está tomando el pelo, caballero?,
topado se ha un hidalgo castellano,
¡y de Valladolid! que, aunque callado,
es de finos aceros afilado,
en el espíritu, el verbo y en mano
el duelo, no al insulto, sí a la afrenta,
el alma neta es ¡voto a Dios! mi renta,
refrán por toda España muy historiado.
¡Ya!, ¡presto!, ¡ni un minuto!, ¡desenvaine!,
¿qué reza de desierto y de padrino?,
¡cobarde trabucaire!, ¡desatino!,
¿que me lo piense, que tal vez amaine?,
¿qué reza de la guerra y Gibraltar?,
¿qué cuerno se le ha roto al tal Borbón?,
¿qué tiene que objetar Berwick, bribón?
¿que si soy austracista? Eh… ¡a callar!,
¿que sí, pero mañana, que es mejor?,
¡rediez!, llevo más páginas atrás…
que casi le he tomado a usté amistad,
rifemos a los naipes, ¿por qué no?

A LA TUMBA DE GÓNGORA

... el joven mantenía
la vista de hermosura,
y el oído de métrica armonía.

Banquete solariego, proverbio proclamado,
te tienen por modelo de academia,
por frívola y hondísima paremia
por playas de Sidonia, ahí inhumado;
ni niego ni desmiento, miente el Hado,
ni te derrito en vino la blasfemia,
mi flor humilde más mancha que premia
y al otro, al caballero, por honrado.
¡Si vieras qué parte les viene a mente!
¡Ay, Góngora travieso, no aterrices!
¡Si vieras lo que a tanta y tanta gente
le viene a la palabra hecha raíces!
¡Qué leche!, que tal vez alacremente
te me descojonaras, ¡qué narices!

A LA TUMBA DE DREYER

Nos buscamos a nosotros mismos
siempre que salimos de la nada,
y por esto no llegamos jamás
a la perfección quieta y la contemplación.
Miguel de Molinos

El libre de pecado
que arroje primer piedra,
dijo en Gaza un cristiano
que el ázimo adultera,
Alonso de Quijano
firmó sobre la arena,
el manco sobre el pliego
y el ciego en el planeta;
dime que eres verdad y no eres sueño,
¿y qué más da?, responde la furtiva,
ponzoña por la arteria atafagada,
el agua del arroyo corre viva,
y Juana de Arco, lábil en deseo,
la lágrima caer permite herida,
el grillo que al final siempre recuerda
cómo se ejerce el alma y resucita.
Vete, y no peques más,
balanza de inocente,
da luz al gobernante,
camino al penitente,
y nombres al pastor
para que desoriente
al inquieto cordero
que duerme en el relente.

A LA TUMBA DE BALMES

Vino Amor con ella a brazos
y rindiósele obediente.
Tirso

Mosén, más que un filósofo es un tono,
leerlo, más es música que verbo,
criterio que más rinde como gusto,
tempera el alma, la mece, convence
por sabor a epifanía y a abandono,
tranquilo, es un deleite nunca acerbo,
no un sabio, de sus páginas un justo
cabe esperar, y el orden recomience.
Antaño se leía mucho a Balmes,
un bálsamo, quizá hondo no, instructivo,
y se hizo con su tono el español
que pudo ser cultura hacia el futuro;
Satán jamás concederá que calmes,
a ráfagas te quiere quemar vivo,
es Nietzsche su Anticristo de guiñol,
genial por pensador, mas sabio impuro;
ya no, cayó, mosén ya se calló,
lector no es el de Balmes narcisista,
se asume que el citado vuela poco
e incluso, tan talar, no alcanza a santo,
pero por mi entretela pienso yo,
docente soy, que su cordial conquista
fuera de agua bendita para el loco
que abunda por los patios y es espanto.

A LA TUMBA DE PROUST

L'être aimé est successivement le mal
et le remède qui suspend et aggrave le mal.

Sombrillas en la playa, y Albertina
con su cintura feble, albar y joven,
sumiéndose en rizada ola de mar,
el cuadro que te dejo sobre el alma,
los óleos destemplados sobre el lienzo,
océano del tiempo que será,
no explica ni el pulmón alborotado,
ni ejemplifica nada del erario
que perdulario ya no entrega más:
forrado del trabajo en alcornoque
se pasa el urgimiento, y el esfuerzo,
nacer, crecer, amar, besar, casar,
bailar en un patizo veraniego
con unos piececitos volanderos
que exhalan su risueño y breve *hélas!,*
te imito, cierto, en nada yo te entiendo,
no salvo yo te tiento y atormento
a tu loca demanda, tu "¡callad!";
ya callo, ¿no me escuchas de la calle?,
¿no asciendo sobre esquirla de metales?,
quizá debieras impetrar, "¡mediad!",
¡qué lejos se nos baña tu Albertina
en el estío en tono aguamarina
y al fondo, junto al cielo, la verdad!
Parece que tranquilamente leo
en las umbrías de este cementerio
tu célebre llamado, tu "¡buscad!",
remota entre otras tantas digresiones
de Père Lachaise, un talle de doncella,
y un tiempo solamente de pensar.

A LA TUMBA DE DYLAN THOMAS

And I am dumb to tell the lover's tomb
How at my sheet goes the same crooked worm.

Bebamos la locura,
compadre de verbenas,
de alguna musa hervida
comámonos las piernas,
con güisqui aquí a tu tumba
a tumbos llego a penas,
¡no quede amor en Gales!,
¡adiós, vísceras negras!
Los siesos acabados
a lomos de praderas
arruinan el festejo
a chiflas nazarenas,
las lindas nos remiran
en pánico, sedientas,
¡no quede amor en Gales!,
ni sangre en las arterias,
ni música en la tarde,
ni flor en las camelias,
ni texto en las películas
ni cuentos en las ferias,
ni vaca en el establo,
ni dientes en las muecas,
¡no quede amor en Gales,
compadre de tragedias!

Perdona por la tos,
perdona por las flemas,
no es nada, no te alarmes,
echa tú un misgo mientras,
ya pronto se me pasa,
dame de postre tierra,
no queda amor en Gales
ni sombra en la caverna.

A LA TUMBA DE ALBÉNIZ

En vano se me oponen las montañas
con nuevos riscos de cuajada nieve...
L. Leonardo de Argensola

Valeria, Trinidad, Julia,
Isabela, Claudia, Aurora,
Marta, Sara, Josefina,
Clara, Aitana, Aurina, Nora,
Cayetana, Marcelina,
Esperanza, Covadonga,
junto al pan en el morral,
queso, la faca y la bota.
A veces juego a que salgo
con la flauta en las alforjas,
en mi mulo jamelgueño
por las Españas remotas,
sierra a sierra, pueblo a pueblo,
limosneo alguna jota,
porto a cuestas la bandurria,
castañuelas, y algo rota
una añeja pandereta,
parcheada y balandrona
con más muescas en el lomo
que David en la corona.
Un fandango por las huertas
onubenses he raptado,
y del secarral conquense
unos pasodobles cársticos,
filandones de León,
me invitaron los paisanos,
sevillanas de una feria
por Carmona en pueblo blanco,

175

y poniéndose ya el sol
en los callizos de Almagro
una morisca morena
una copla me ha cantado,
entre los dos ni la reja
ni el olor de los geranios
han podido los alientos
ni las voces separarnos,
los violines de Aranjuez
vinieron para arroparnos,
y yo anoto, folclorista,
de este país el encanto:
los verdiales de Jimena,
el chotis de doña Amparo,
la sardana de Azucena,
la muñeira de Rosario,
la habanera de Marina,
de Rocío su muestrario,
la meseta interminable
y algún buitre allá en lo alto.

A LA TUMBA DE SOR JUANA INÉS

... cuán grave es la malicia del pecado,
cuán violenta la fuerza del deseo.

La poesía es la lengua del Cielo,
los pies te lavo, humilde es mi lebrillo,
de barro de Jiménez es mi brillo
y regia porcelana es tu consuelo;
novia de la palabra bajo el velo
que extiende el vuelo de satén sencillo,
por el pasillo de la nave el pillo
se aferra al dobladillo, terciopelo.
Los pies nupciales, con su paso airoso,
los pies terrestres, el placer y el gusto,
los celestiales, que atisban la gloria;
mis labios turbios, con beso furioso,
mis labios tuertos, boca, vientre, busto,
mis labios feos, versos sin historia.

A LA TUMBA DE BENET

Les femmes ont permission d'être faibles,
et elles se servent sans scrupule de ce privilège.
Madame de Sévigné

En la fronda de los árboles
o en el foque de un navío
duerme el pecio, en el pantano y albedrío;
en el óleo de marina
o en el escobar baldío
blande lanzas herrumbrosas el vacío;
ni en la guerra que no acaba
ni en los blancos amoríos
resucita el credo humano y pastoricio,
y el peculio de los urces
es un leviatán de vicios
en sombríos patizuelos adventicios.
Largo, largo en la distancia
de aldeones sumergidos
fabular de indignos desaparecidos,
relator sin circunstancia,
bandolero sin destino,
Juan Benet me mira, orfebre y sacrificio.

A LA TUMBA DE CARROLL

¿A quién me quejaré de mi enemiga?
Barahona de Soto

Es que… verá, señorita,
yo la amo y soy la muerte,
sé que suena a fantasía,
no tendrá santa la suerte,
si le traigo entre algodones
porcelanas del Oriente
y quinares de Bactriana,
no es con fin de que la alegren,
ni estupores desde Angora
ni chucherías al vientre,
ni el cantar del paraíso
de Isfahán, ni el prado verde
tan vernal y amapolado,
tan ameno y esplendente,
donde trota la avefría
y se oculta la serpiente.
Permanezca al otro lado
del canal, niña inocente,
de la reja y el vallado,
no se atreva y se empodere,
que camina usté en porretas,
sólo el traje la sostiene,
y la vida… pues es vida,
y yo soy… yo soy la muerte.

A LA TUMBA DE BIBI ANDERSSON

Para que el amor sea verdadero, nos debe costar.
Nos debe doler. Nos debe vaciar de nosotros mismos.
Santa Teresa de Calcuta

¡Qué pavorosa sensación es ésta
de hallarse ante persona como tú,
la vida misma en carne de otro tiempo
y no poder rezar solicitud!,
ni un beso de la orquídea de tu boca,
la mía poso plena de quietud,
y al fondo hay una aurora temblorosa,
tras ella palidez del abedul,
beso la mano y tras la mano el mármol,
y dentro, ¡vive Dios!, decrepitud,
retorno hacia el hotel, a mi martirio,
envuelto en llanto, niebla y lasitud,
tus ojos van grabados en los míos,
jamás oscura sima en senectud,
no entiendo la vejez, lo reconozco,
y en cambio sí pienso la infinitud.

A LA TUMBA DE BLOK

Somos los olvidados, solitarios sobre la tierra,
a hurtadillas nos sentamos cerca, al calor.

Liubov, dama querida,
de garza y cristalina alma en los ojos,
escóndete en la dacha
y no vuelvas al mundo proceloso,
colora el abedul
con el pincel sedeño de los hondos
paisajes de tu piel,
no hieras la tersura de tus hombros,
que Rusia es triste siempre,
tan triste es el tañer la balalaika,
si no lo es por la nieve
eterna lo será de abandonada;
mi muerte es sólo muerte,
compón en el bosquete una balada,
y en ribas de un lavajo
perfuma primaveras de nostalgia.
Liubov, esposa amante,
haz coro con el arce, amarillea,
que allá, junto al estanque
los ánades te anoten la presencia,
el alce dilatorio,
mi dríade, camine por tus huellas,
sé siempre aparición,
igual que soy fantasma y tú mi dueña:
¡añoro tanto el labio
que un día me besara, tan risueña!,
¡tan joven te recuerdo,
tan fértil la emoción aventurera!,

escapa de las gentes,
del mundo, mi beata, mi novela,
que Rusia sea enorme
en taiga, y en mujeres y praderas,
que Rusia siempre es triste,
la balalaika suena entre grisura,
cementos y trincheras
excavan sus andanzas, sus industrias,
que no te toque un pelo
la Historia con su gula y su lujuria,
te envío un mensajero,
de boca a boca, igual de tumba a tumba.

A LA TUMBA DE SCHIELE

... Sus hojas llora un sauce
sobre ella y su pena silenciosa.
Heym

Familia viva un año, no, nonata,
en la intemperie de una ceja alzada,
en una madre silenciosa, enferma,
penetra a rajaduras la mirada,
tan torturados, lívidos colores,
se ve una ciudad muerta.
En la blancura cruda e improbable,
en la íngrima coraza de danaide,
encorsetada de pecar, incierta,
deseo adolescente de ternura
con el sexo pendiente y espermático,
se ve una ciudad muerta.
¡Mi niña, tísica manflita triste!,
te abrazo lacrimoso, uniformado,
el alma buida, inquieta,
en el ronquido flébil de tu sueño,
en el diván desnudo del taller
se ve una ciudad muerta.
Las rejas no nos valen, somos libres,
de carne y sepia hebrosa las cadenas
de grillos y de esposas parturientas,
tras las ruinas de orgasmos resentidos
los cuervos nos devoran compungidos,
se ve una ciudad muerta.

¡Yo tanto te he emulado y te he seguido,
islote inacabado por el mundo!;
errante por el nadie ibas tú mientras,
no cambia nada, todo en su vereda,
en cada vírgula de mi torreta
se ve una ciudad muerta.

A LA TUMBA DE MENÉNDEZ PIDAL

Muerta que mueve a amor, presente vida...
Ridruejo

María, Yerma, Azahara,
Oria, Marisol, Diosdada,
Lucía, Belinda, Gabriela,
Valentina, Severiana,
Flor, Esmeralda, Daniela,
Paloma, Clotilde, Urraca,
la imperial en las alturas
y la oveja en la vaguada.
A veces juego a que salgo
con cayado y con fardel
allá, Castilla adelante,
pueblo, pueblo y mucha fe,
con el polvo del camino
en los labios y en la tez,
y voy pidiendo limosnas
en palabras del ayer,
una oración de pastor
honrado en Fuentepiñel,
la canción de lavanderas
de Turégano, y tal vez
la coral de las viuditas
al pandero y en yangüés,
y las anoto azariento
en mi mente, ¡qué placer!,
el duro sol en el rostro,
¡qué lejos el horizonte!,
la pinaza en el sendero,
los pïornos en el monte,
el presente en el presente,

los pies en el suelo, el hombre,
el verbo, la fe y el cielo,
y una mujer con su nombre:
María, Henar, Merceditas,
Fuencisla, Guiomar de Urueñas,
Victoria, Nieves, Juliana,
Antonia, Mariajosefa,
Juncal, Ordoña, Luján,
Bernardita y Marilena,
en la loma el palomar
y la torcaza en la vega.

A LA TUMBA DE JOSEPH ROTH

Do passado arrependido,
seguro doutro erro tal...
Sã de Miranda

Hubo un tiempo, no lejano,
de borrachos harapientos,
sagrados y aristocráticos,
violinistas esqueléticos
que en paisajes chagalianos
musicaban el trapecio,
y en pueblos de Barataria
detentaban un Imperio;
Savoy de Lodz, y Musil
esperando en el vestíbulo,
mientras un *Herr* Broch sonámbulo
chistaba a un Schniztler turbio,
y el judío ante el espejo
de un tenebroso tugurio
peroraba becherovkas
masculladas, con su augurio.
¿De verdad que se ha acabado?,
¿no regresaré a mi mundo?,
el borrachín alienígena
urde novelas en crudo,
en lírico y en rural,
en hímnico y en menudo,
es cual viajar a Ganímedes
beberte, Roth; me descubro.

A LA TUMBA DE PAVESE

... *il prodigio*
di costei, che non sa che la vivo e non riesco a comprenderla.

Mujer es como el hombre,
igual que él, pero en maravilloso,
no tengo pruebas, cierto,
mas válgame el buen Dios, dudas tampoco,
el mundo entero imita
gentil su condición cuando es hermoso,
y sólo así lo acoge
el sol, todo lucero luminoso:
el aura en la colina,
luceros coloridos de sus ojos,
la sinüosa manta
del mar, al par abismo que alborozo,
doncella de la playa
que canta con su cuerpo silencioso,
doncella de calor,
ternura, de bondad y de amor loco,
mujer materna es Hera
que acuna a cada rorro en su regazo,
lo es Venus Afrodita
que ensancha el corazón del más bellaco,
mujer es Atenea
que nutre mente adentro el entusiasmo,
y es fémina Artemisa,
que con sus frondas libres es ensalmo,
tan fértil es Deméter
que hasta al menesteroso pone a salvo,
y riega de amor Hestia
desde el umbral la casa al mismo tálamo,

lo es Hebe joven, Elpis
que tiene al buen varón esperanzado,
lo es Peito y lo es Niké,
que rige y lleva al pérfido al cadalso.
¿Qué puede ser del hombre
a quien toda mujer ya dio la espalda?,
¿cómo soportaría
saber que nunca la mujer lo aguarda?,
¿porqué del despertar?,
¿porqué de transitar tierras peladas?,
¿qué pueda hacer un hombre
si nadie respondiera a sus llamadas?

A LA TUMBA DE JOYCE

Los genios no cometen errores.

Acecho en esta piedra tu relato,
ornato que a este incauto precediera,
de cuando fui cenizas por el Liffey,
y mi filosofía fantasea,
de cuando fui tocino con patatas,
de cuando fui corbata entre tinieblas
que fúnebres consumen mi retorno,
como retornan siempre las mareas.
Arenas en la pluma, remanentes
de estaño y de birremes son remeras,
rebaño tu osamenta de este plato,
hambrientos expatriados en conserva,
yo ciego, tú vidente y ambos fauna
de esta roca pelada y andariega.
En Trieste llueve menos, es lo cierto,
y el mármol más se afinca en esas tierras,
pero si penetramos sólo un metro
te cazo sin aviso entrañas negras,
de cuando fui un niñato castellano
y tú un adolescente sin esperas,
de cuando sin poemas yo vivía
y tú eras novelista sin novelas,
desplantes míos, tan incomprendidos
en las metecas y espurias escuelas,
no pesa lo bastante tu sepulcro,
relevos tomaré yo a la ligera.
Cuando era yo un rapaz por mis Españas
oía que las tuyas eran piezas
primordias de un angélico Occidente,
y lentas comparadas otras sergas;

hace que nadie dice nada bueno
de ti ni en academias ni en aceras,
ni por camándulas de terciopelo
ni en bandas de la inopia más inmensa,
que hasta encontrar tu seña ha sido duro,
dejarla atrás también ahora me cuesta,
pues sé que nunca más veré Dublín,
y no superaré ya más tormentas,
una llovizna leve sobre el rostro
sin más inhumará mi ecosistema,
hoy brindo por mañana, por tu ayer,
y por la brújula del hombre inquieta,
¡qué negra la pupila deponente!,
cerveza en el gaznate, y la certeza.

A LA TUMBA DE RABELAIS

La plus subtile folie se fait de la plus subtile sagesse.
Montaigne

¡Menuda charlotada!,
¡me venden en litrona los guarismos!,
el odre, ni una gota,
y guerra venidera un espejismo,
más sabe la Locura
que todos los farautes del abismo
que queda por delante
al hombre de hoy, ignaro cataclismo,
que entre gigantes
no busca asilo,
¡ay, pobrecito
mi ratoncito!
Quinientos diecisiete
millones más dos centavos de lódares
me voy a gastar hoy
en unos marcianitos violadores,
seiscientos veintidós
trillones yanquis con catorce dórales
invertiré en robots
reclutas, asesinos de mongoles,
ojo por ojo,
bit por un bit,
dórar por lólar,
yuan por un ying.

"¡Joder, se dice dólar!",
no dólar, de dolor, sé lo que digo,
y no oses corregirme,
tonto del culo vil, sandio putrílago,
volvámonos a Europa,
¡qué pena!, ¡qué fracaso, mis amigos!,
si no, nos moriremos,
espero que penemos sólo heridos.

A LA TUMBA DE MENÉNDEZ PELAYO

Todo hombre tiene horas de niño,
y desgraciado del que no las tenga.

Esto está terminando, aquí me paro,
¿no puedo yo aprender de un hombre bueno?,
no sólo puedo, pienso yo que debo,
y debo sin reparo hallar amparo,
entre comillas "varo" en Santander
y leo la escritura infatigable
de aquel antiguo, docto tan amable
en trato, y en escucha y en comer:
bocartes, y solaz a pie de puerto,
el húmedo arenal, traineras lejos,
el mar añil de oscuros azulejos
y el cielo más clarito y más abierto,
paisajes de bañistas, de mujeres,
de nenas pizpiretas y castillos,
de olitas con blanquísimos flequillos,
el ópalo que espeja atardeceres;
es sólo un día, un rato entre Comillas
y mi Fatal Destino, mi camino,
un mozáncano moderno y jacobino,
de puta pantallita y pesadillas,
vocinglero me baja a ras de suelo.
Aparto la mirada, a un talle de muchacha,
un rostro, un busto, y por mudar de racha
hacia ella me encamino, mi consuelo.
Quizá pueda abrazarla todavía
y oler su piel, su pelo con la sal
de este donoso y manso litoral,
amantes, antes de que acabe el día.

¿Es esto ya un poema? Por hoy vale,
me dice: "No eres viejo, sólo un poco",
se acoge a sus palabras este proco,
"permite que estos versos te regale".

.

A LA TUMBA DE VALÉRY

Il faut être léger comme l'oiseau et non comme la plume.

Bondad el cuerpo humano redondea
con aes, caracteres feminales,
del átomo al idioma todo doma
y arista es el final de los finales,
asaz los sabe el dios y así el artista
que senos croma de tonos amables
y suelta por los prados,
tarimas y escenarios
doncellas en ceñidos atelajes;
redondos son los ojos en Aglaya
cuando por liviandad tenue compite,
los pechos de Filonis cuando en Focia
hace de dioses corazón sensible,
sublime Libia en brisas, flor en Cloris,
y en Pisa la blanquísima Lisídice,
y el año balbucea
Orfeo en su tarea
siguiendo los contornos de su Eurídice;
Terpsícore, a sedeños movimientos
ante tu tumba, al flanco mío, asiste,
eleva cadenciosas composturas
cual si alas transportara, como un cisne,
una pluma te deja, y otra yo,
suaves hacia la muerte tan terrible,
te ofrece la elegancia
y con mi voz escancia
un ruido circular: todo es posible.

A LA TUMBA DE WELLES

La traición, aun soñada, es detestable.
Samaniego

Hoy busco a un embustero estafador
que pueda defraudar un mundo entero,
al genio más atroz, veraz y artero,
que mienta cara a cara y sin temblor;
me han dicho que lo busque en Xanadú,
lo enfoque en un picado a contraluz
detrás de un tul de grises y arañuelo,
que igual tendría que cavar el suelo.
Hoy voy de ronda, ufano enterrador,
me han dado unas señales muy confusas,
pincho a menudo en falso, y sin excusas
doy en merodear, aterrador,
alrededor de China y Mandalay,
yo busco compañero donde lo hay,
al fin y al cabo soy traidor al hoy,
al menos eso dicen donde voy.
¡Exista en la mentira la elegancia!,
tengo que disfrazarme de caído
y pana rancia y levitón raído
no es el avío propio a circunstancia,
atrás dejo mi ser raboseado
y tomo el tuyo, Welles, sólo prestado,
con un chambergo enorme mi disfraz,
y un poco a la barriga otro antifaz.

A LA TUMBA DE TZARA

Le tue ragioni, o Sofia, più dimostrano la sottigliezza
del tuo ingegno che la verità de la tua opinione…
Leone Ebreo

Estoy buscando a un topo, algo mendaz,
a un buen canalla quiero reclutar,
con mucha contumelia y mundo atrás,
que no dude en negar palabra dada,
camaleón de credos y desidias,
que nobles son soldados, y de insidias
están hechas las guerras, y podridas
son las tarimas de la quijotada
que tengo en el presente que gladiar,
es rey de la mentira el pertinaz
rival de carmenado camelar
que me ha retado y blande firme espada.
Yo necesito un trasgo, un Puck, un Pan,
un Pulchinela cuco, un Fantômas,
cuclillo trasplantado en su nidal
para a traición clavarle una puntada;
tu fama te precede, mi Tristán,
que a ringlas retorcidas haya paz
es miga de este mundo asaz falaz
y chicha del de ayer, de hoy y mañana.

A LA TUMBA DE KOLMAR

... envuelta, tiritando de frío, en un oscuro chal...

Al euro la oración que, constelada,
musito al cierzo corrompido en llanto,
consuelo se despega de mi gorja
por los abetos de estos sordos bosques,
en pos de la doncella de esta casa
inasible, do paro y no reparo,
suplicio de la ausencia de su boca,
brocha de versos cónsules;
ni un pelo pesa el beso de su masa
y bajo el solio suyo busco amparo,
y sólo encuentro piedras sobre roca,
las más preciosas rosas de la morgue.
Me ve el amanecer, su angustia rasa,
granítico y mendaz, sordo verraco
desde mi lejanía asaz barroca,
concédeme el favor de sus retoques,
más que su cruz, ofréndame su casta,
soy peregrino al mundo de entusiasmo,
la punta del cayado es una broca,
un trépano, y es un dogal el torque.
Hermosa, feromona sigo a rastras
de tu amor, el piélago, verano,
el viático una amarescente bronca
que traigo al oquedal en mi remolque,
y tal vez mis industrias no son santas,
mis rezos otrosí olvidar, lejanos,
el ojo avieso, lija la voz ronca;
recibe igual el beso de mi azogue.

A LA TUMBA DE MORO

La muerte es un castigo para algunos,
para otros un regalo, y para muchos un favor.
Séneca

Te encargo mi retrato, belga Antonio,
a tantos edecán, pero no a mí,
amigo de uña y carne, a ti me uní
en piel de esclavo y preso del demonio;
te pido que de mí des testimonio,
primera la elección, que me morí
y moro donde a ti me parecí,
secante cual diamante, no zirconio;
se llevan los gusanos mi sonrisa,
se llevan los silencios mis rubores,
se lleva al aire el blanco en la camisa
y el viento el polvo, el arte y los sudores;
el negro un nosequé plisa e irisa
tan bello que ha de ser para señores.

A LA TUMBA DE ECKHART

Rara vez encontramos personas
que logran grandes cosas sin desviarse primero.

¿Quién vive en estos bosques de penumbra,
como una doncellesca melodía,
como un claro en susurro,
con un zafiro en senos de una misa
tan natural e intensa, primorosa,
que sana como un céfiro es sentida
y en siglos amanece, abeto y cedro,
y al alma encadenada cae encima?
¿Quién canta, qué avecilla temerosa
enérgica concluye avemaría,
y lleva una vitola como prenda
y como escudo el ser desconocida?
¿Quién se mece en las ramas remecidas
con ojos de mujer en recogida,
en lo alto arrodillada entre sonrisas
de blanco cenital, suave y bonita?
¿Quién es el tiple airoso, tan liviano,
que sin articular es poesía,
al borde de un abrazo, sin rozarlo,
como una certidumbre más divina,
como una rosa en pétalos desnudos,
como una estrella de luz indivisa,
como milicia espiritual y amable
en una heroica grey, caballería?

¿Quién habrá convocado, lábilmente,
la lluvia que provoca esta avenida,
rocío en talle dúctil de la menta,
en la hoja diminuta, en hierbaluisa,
anémona, jacinto, madreselva,
en el estambre en capuchinas tintas,
la campanilla encinta de la nieve
que a besos suma su sabiduría?
¿Quién oye sibilante, más que acuña,
su fortaleza en la filosofía
que sin querer traslada, embarazada,
por ondas elementos de la brisa?
Va mi alma cervatilla, tan esbelta,
trotando, semoviente agradecida,
respira, salta, brinca como un rayo,
por este Rin, delfín tras el enigma.

A LA TUMBA DE CERVANTES

El andar las tierras y comunicar con diversas gentes
hace a los hombres discretos.

Y qué decir a quien lo ha dicho todo,
quien todo lo pensó y ha transitado,
al alma de Planeta que, cuitado,
si orbita lo hace por azar, capricho;
Apolo roncador, bergante en lodo,
capitalino en campas exiliado,
de dioses es tu calinoso estado
patidifuso en un bastardo nicho;
y el sol contra los ojos, tan violento,
las venas por de dentro, desecadas,
y el llanto tan terrible y tan contento;
yace quizá un rapaz a talegadas
tras este cenotafio fraudulento,
y el síntoma del miedo a batanadas.

A LA TUMBA DE BERGMAN

¡Dale la eternidad que le has negado!
Dámaso Alonso

Yo beso al bies la veste, y es cansancio
lo que remana de tu maestría,
quizá jamás fue nada más allá,
en Gotland, Edén místico del Báltico;
aquí me tienes, con lavandas, Ingmar,
apóstol resentido e irreal.
Quizás mejor fuera a los muslos pálidos
de Bibi, atormentada alma tranquila,
donar la flor y el "¡oh, mi capitán!",
pero temo respuesta de sus labios,
me temo derrotado por su risa
y busco yo, soy viejo, ya la paz.
¡Qué plenitud, parajes fríos, amplios,
rebozan de arreboles mi mejilla
teñida de mi enjuta soledad!,
comparto aquí epigramas literarios,
a sombras de tu cámara es nacida
mi cándida y menuda dignidad.
Conmigo están cadáveres tempranos,
los témpanos de cada amanecida,
desiertos de deidad e identidad,
mas llenos de pensar imaginario,
en gris y mate cruel fotografía
compuesta a trazo de índice y pulgar.
La sal salvaje, el viento de estos ámbitos
alientan en mi mente a la sorguiña
que me instruyera en artes de crueldad,
siniestra danza nuestra, los inválidos
que habitan esta entraña de marina
y el mustio sol que anuncia vecindad.

Me voy, adiós, sin más, te poso tácito
la flor sobre el sillar, sillar de ruina,
qué más dará que no haya más allá.

A LA TUMBA DE LORCA

Je sais que vous n'êtes point le dieu des morts...
Claudel

¿Hay usanza más ibérica?,
pervertir al ruiseñor,
con sus cantos vesperales
forjar archas y amargor,
ensamblarles a sus lunas
carteles de perdición,
pastramados de molicie,
más ajados por el sol.
Los galgos de espuma en labios
trepidan tras del albor,
la liebre por recovecos
se esconde tras una flor,
apócrifos pinarejos,
un clavel en el motor,
y Lorca, ángel inocente,
se alista en mi batallón;
escupen en la fogata
los corsarios sin honor,
y la dama de hojalata
se oxida de perversión,
pero queda, en fin, el canto,
pasa el monstruo, el canto no,
y nadie callará al duende
supremo del español.

A LA TUMBA DE TSVETAIEVA

Meuse que j'aime encore, ô ma Meuse que j'aime...
Péguy

La soga, tártara es la maldición,
la Magdalena ajada de llorar,
marina cuelga en un cuarto sombrío
y obscuros son los tonos de este mar;
¡por qué pedir, rogar, por qué escapar!,
ya ni recuerdo más, no hay otra cosa,
mi nombre, mi apellido, es un fosal,
un tallo pervertido es la maroma,
se enjarcia en este pecho el alarido
que vaga en sinsentidos de insomniar,
dolor, y un niño pobre y desnutrido
tirita en los rincones del hogar.
No entiendo nada, musa del Oriente,
pero la guerra sigue donde estás,
quizás sea la misma, quizás otra,
futesa, pues al cabo qué más da,
un verso tuyo usar como arïete
es la estrategia de este mariscal,
que igual que un almirante es un grumete
en este abismo amorfo y sideral.

A LA TUMBA DE GODARD

... maintenant on entre dans la civilisation du cul.

Pelar la bulda al parco celuloide
parece poco, es monumental,
Godard, pobre Jean-Luc, Godard el Loco,
requiérote para un documental,
un filtro, uno tras otro, otro desprecio,
en Alphaville se otea ya el final,
omega sin razón y sin aliento
y el verso recitado junto al mar.
Escépticos partamos rumbo a Italia
y en Capri hinquemos tiempo y un fosal,
el sol acantilado nutra el cuerpo
y sánenos intenso olor a sal,
mondar hastíos de desesperado
será este crucigrama sin final,
muchacha, ven conmigo, ven a Italia,
dejemos la charada yerta atrás.
Los ojos, ¡cuán enormes son los ojos!,
tirrena sonda de profundidad,
voy a dejar helado al monstruo infame
con un Argos de filmes de Godard.

A LA TUMBA DE ANNA KARINA

Aimer c'est savoir dire je t'aime sans parler.
Victor Hugo

Allende de mujer, profundo sueño,
aquí una rosa de hombre enamorado,
las fechas comparadas al rimado
no son rival, tonante es el bargueño,
y más allá estás tú, mi ser sedeño,
espíritu enigmático, encarnado
en una imagen pura y, asombrado,
tu luz, legado simple, ora risueño
ora terrible, te reclama amante.
Rosa más roja que la sangre viva.
Rosa más suave que la brisa suave.
Rosa de pétalos emocionantes.
Excitada flor de mirada esquiva,
quizás sepa hallarte este enfermo grave.

A LA TUMBA DE RENOIR

... Et dont l'aile ne se déploie
Que pour s'élancer vers le ciel!
Banville

Invento inmenso, nimia pincelada,
caricias de la luz entre las hojas,
la infancia repisada al caballete
serán un arma fiera de la tropa
que ha de vencer al gólem de este tiempo,
con luces de Degas detrás, en popa,
y a proa Lise, Aline, pobre Margot,
hespérides de quintas obsequiosas;
al fondo, en un parterre, buganvillas,
más cerca gualdas fresias generosas,
y grecas blondas de rosa y jazmín
a arriates derramadas, dadivosas,
la boca de dragón y el pensamiento,
en sombras las orquídeas primorosas,
a aceites huele el lienzo perfumado
de dalias, de azaleas y begonias.
Pavesas y morcellas en trinchera
poco podrán hacer contra la Flora,
¡oh, cuán tenaz y sólida artillera
es en tu mano la preciosa diosa!,
contra la bomba, la pluma, el pincel,
vapor siempre venció al letal ilota
de Nyx, de Moros, de Hécate y Anteo
a orillas del cordial Sena, donosas,
¡conmigo hacia el combate, compañero!,
serán precisos sol y mariposa.

A LA TUMBA DE HILDEGARDA DE BINGEN

La luz de Dios brilla en cada ser viviente.

Ya doce veces vi
a doce sílfides en un calvero,
y doce las perdí,
fugaz fui caballero,
de oráculos y anhelos soy viajero;
sólo escuché su coro,
aurino son sin acompañamiento,
la autora del tesoro
me tiene en prendimiento,
ya vi la vacuidad del sufrimiento.
Eran mancebas gráciles
pero entonaban con timbres de acero,
sus melodías fáciles,
como escarcha de enero
que impone la belleza a lo severo;
mohatra me semeja
de entonces hasta aquí todo mi esfuerzo,
mi gozo nunca ceja
por más que lo retuerzo
y escorzo cual demonio y tal ejerzo;
en mi fuero interior
anida femenil canto ligero,
soy diablo desertor,
angélico palmero
que asciende desde el valle hacia el otero;
¡qué vano mi sufrir!,
¡que arcádicas umbrías de estas frondas!,
¡qué hermoso que es morir!,
¡qué dúctiles y mondas
son para mí mundanas trapisondas!

Misérrimo soldado,
¿poeta yo?, soy un titiritero,
un pábilo apagado
después del aguacero,
confiésome discípulo postrero.

A LA TUMBA DE GAINSBOURG

... *ton expression est au chagrin,*
tu as lâché ma main
comme si de rien...

¿Hay algo más triste? Tus melodías,
liviana adolescencia de la ropa
y voz de un escolán de qué mojado,
placeres son de niña y apatías
que el diapasón enluta, mata, hisopa,
con un deleite turbio, exagerado.
No me salves la vida, luz, bujías,
la ancilla que de manta muerta arropa
al último arcangélico angustiado.
El sórdido estupor, tetas baldías,
prostituciones de tambor y estopa
de jazz y de *gitanes* disciplinado,
practica al más allá vanas sangrías
que el piano y el versículo apocopa
emergentes, sueñe el desconsolado.
Remanente, con Fama van sombrías
bacantes que besan a quemarropa
el torso del mancebo perturbado,
saliva fruto de refinerías
que el pecho, voz, aire auroral sincopa
en la miseria del arte ensogado.
No me salves la vida, tenerías
do el cuero nada en bodrio, sosa sopa
de un éxtasis errátil atulado.

Filamentosas voces, crucerías
de pubescente rémora en la popa
y eyecto sufrimiento racimado
se agolpa en fumaderos, sederías
donde una virgen sirve como mopa
y es fútil el obsequio del legado.
No me salves la vida, viguerías
de las que el holocausto cae, galopa,
de cuerpos palpitantes emparrado
hacen canción con cirio y simonías
y vierten gasolina en esta copa,
tu voz, la tumba, yo y muchacha al lado.

A LA TUMBA DE TORRES VILLARROEL

En mi cunita pobre,
menesteroso niño,
entre inocentes sueños
posaba yo tranquilo...
Cienfuegos

Ser sabio o necio muy poquito aporta
en esta vida si eres egoísta,
al fin y al cabo es una la palestra
y mucho más entienden las erinias,
es siempre para el otro la virtud,
al prójimo se da sabiduría,
ser sabio es una entrega, es un obsequio,
al necio hoy llaman individualista;
el sabio no lo es, se queda solo,
no es, eso está claro, parecido,
lograrlo exige, obliga, para colmo,
fugarse del jolgorio enmollecido,
ombligos ve un trillón el mentecato,
el docto da al destino su cariño,
al hijo que no tiene, que es del otro,
mientras se queda en limbo el proprio hijo;
ser sabio es algo triste, el melancólico
se queda de inmediato sin cariño,
en tu resentimiento tan verboso,
bandido del charrico paraninfo,
seguro que hubo daño y escarmiento,
sin duda debió haber un mozo herido,
no obstante se conoce la pomada,
¿que qué se puede hacer?, hacer un libro,
no hay otra solución, sagaz y próspero,
manera de donar cabano efímero,
será preciso hogaño, emporio gólem,

el arma del concepto y artificio
que a cotas altaneras cultivaste,
gran Torres, el bilioso, ven conmigo,
rosquémosle al demonio un buen dogal
al cuello, que le falta fuelle al niño.

A LA TUMBA DE RILKE

Realmente es extraño ya no habitar la tierra...

En horas de intemperie de un suicida
me acerco con la espalda hecha una luna,
valor me queda menos que fortuna
y ya no la pretendo renacida,
nonata, ni siquiera sugerida,
delante de la tierra que te acuna,
de entrambos tanto hogar como tribuna,
en ambos humo en poro sumergida,
y poso sobre ti la dalia negra
que aturde las tinieblas de mi hombría,
que ya ni el desamor más cruel me alegra
ni la mujer más cándida me enfría.
Soneto, éste mi mano desintegra,
y a ti el hielo en la voz, soberanía.

A LA TUMBA DE VALLE

En España se premia todo lo malo.

¡Oh, Valle!, allá en tus fragas de Galicia,
aquí tu filatero y tu fracaso,
más libros he yo escrito, perra vida,
más mundos recorridos y viajados,
granítico balcón do trepa un Fígaro,
marqués, o baronías de un lenguado,
moriste epifanía de un horror,
te traigo en mí el horror en pleno ocaso;
el sol se pone tras jungla de rosas,
cativo el paralítico rumiacho,
el astro ya se oculta para siempre
en lecho de intemperie, gris lunático,
ocaso de cadáver rezandero
sobre hidalgueñas sábanas de raso,
la huestia te transporta transilvana
y mente adentro rindo yo mi canto;
¡oh, Valle, Valle-Inclán!, ancla podrida
apenas ya sujeta nuestro barco,
del puerto tú sabrás, pues estás muerto
en siendo yo rumiaco y ova y fango,
lunanco rengo rumbo hacia la helguera
ya zarpa el candidato a mayorazgo,
no España es el tormento de esta tierra,
terror universal es el de hogaño;
Satán, llegó Satán y no se fuera,
con todos sus mil nombres asociados,
la linda flor de amor no tiene bosques
en su candor de rostro sin encanto.

No asomes las guedejas a este mundo,
a nadie represento, aquí expatriado,
estólido y callado es mi tributo,
mayor que nunca un seco castellano.

A LA TUMBA DE SATIE

Yo me llamo Erik Satie, como todo el mundo.

Es a ti a quien añoro,
quien suena sin querer en mi sesera,
cuando cierro los ojos
penetran lentas, satinadas teclas
a ritmo religioso,
en tono de comedia y de tragedia,
y el aire libre inunda
de quien ya solamente vive, espera.
Yo quise, cuando joven,
que sólo tú sonaras en mi vida,
ya ves que he fracasado,
las cuerdas arrastradas son heridas
del ríspido instrumento,
¡qué daño en madrigales y sonrisas,
en sábanas ajadas
rajadas por inertes sacudidas!;
la nitidez radiante
en pieles onerosas por azar,
a golpes me derramo,
la rosa de papel en su lugar,
pulmones desecados,
el dedo anquilosado de viajar,
hoy sólo yo te pido
pequeña una obertura que danzar.
¡Qué mar, banda sonora!,
¡qué glosas, qué basílica y qué brisa!,
¡qué vanos los vitrales
lustrales por gimnásticas ojivas!,

tú y yo, tan inocentes,
oráculos de estaño y fantasía,
a solas, como sola
contrasta gravedad con melodía.
Me miro yo en las palmas,
las manos cuánto sufren, qué maldad,
cuántas arrugas necias,
¡las veo tan de cerca naufragar!,
ancianas, ya deformes,
enormes y baldías; a tocar
por fin, con tu silencio,
pequeña la obertura que danzar.

ÍNDICE